Argentina:
En busca de la política

Un abordaje sobre el escenario que ofrece el país y el
mundo en la segunda década del siglo XXI

Ricardo Lafferriere
Buenos Aires
2014

Ricardo Lafferriere

Argentina:
En busca de la política

Buenos Aires
2014

"Argentina: en busca de la política"

ISBN: 978-1499186345

Primera edición, Buenos Aires, Argentina, 2014.

©2014 Ricardo Lafferriere.

Email: laffe@mail.com – 172 páginas

Argentina: en busca de la política

Índice

Primera parte

La política en el mundo globalizado

Esta obra es una búsqueda.

Ante el cuestionamiento que sufre el propio concepto de sociedad, atacado desde varios flancos por la dilución de sus tradicionales fronteras ontológicas tradicionalmente coincidentes con los Estados Nacionales, la política no queda indemne.

Su espacio era también el de los Estados. Allí se producían los fenómenos que la definían: gobiernos, grupos y partidos, gremios y normativas, definición de la identidad que abría el derecho a la pertenencia (nacionalidad), condiciones de la ciudadanía, formas y límites del ejercicio de la autoridad. Y el derecho, que alguien alguna vez definió como el lenguaje del poder.

El cambio que comenzó a fines del siglo XX y se profundiza día a día conmociona muchas de estas realidades y cuestiona creencias arraigadas.

La política, como actividad, como ciencia, como arte y como sistema de ideas tambalea, junto a la redefinición de sus actores y de sus dinámicas.

Esta primera parte reflexiona sobre la sociedad de fines del siglo XX y comienzos del XXI, centrando el enfoque en los fenómenos políticos.

En la segunda parte abordaremos el escenario político en la Argentina.

Y terminará con el Apéndice. Disculpándose desde ya con los lectores que no tienen por qué sentirse conducidos a pensar en una de las corrientes políticas históricas argentinas, el autor se toma la licencia de dirigir algunas ideas finales a compatriotas con quienes compartió toda su vida política: los radicales.

Obviamente, esta parte puede ser excluida de la lectura por los lectores a quienes la suerte del radicalismo no les interese o les resulte indiferente.

El autor, a quien sí le interesa, se ha considerado moralmente obligado a expresar lo que ha considerado en lo personal como una especie de mensaje reflexivo, necesariamente perfilado por los afectos y los valores.

Ese mensaje está necesariamente separado del resto de la obra, en la que ha intentado mantener la mayor objetividad que es demandable a quien ha sido actor, como ciudadano, de varias décadas de la historia contemporánea de la Argentina.

Capítulo 1 - **El sujeto social**

Un rápido sobrevuelo para ubicarnos en tema y definir el sentido de la indagación: cuál es la validez actual de la política como actividad incidente en la vida social

La política, como actividad propia de las sociedades modernas, se asienta en la potencialidad de la acción colectiva que supone la existencia de "sujetos sociales" definidos como el conjunto de personas que confluyen en sumar esfuerzos con la finalidad de ocupar el poder para ejecutar determinados propósitos.

La caracterización de "sujetos sociales" postula una diferencia epistemológica con la concepción de origen marxista del "sujeto histórico", en razón del fuerte ideologismo que anima esta caracterización, en cuanto se define como tal a la persona, grupo, dirigentes, clases, movimientos u organizaciones cuyo propósito es impulsar el cambio social revolucionario anticapitalista. Desde la perspectiva de este trabajo preferiremos hablar de "sujeto social" para identificar a los motores de la historia, que pueden sostener sea el cambio, o a los frenos, partidarios de mantener el "statu-quo".

Los sujetos sociales pueden estar unidos por similares intereses, o por convicciones de determinadas "ideas". La palabra "ideología" deriva, justamente, de la articulación racional y coherente de un conjunto de ideas. Al momento de ser utilizada por primera vez, a mediados del siglo XIX, no tenía una connotación sectaria o disvaliosa, sino por el contrario, ponderaba la capacidad de elaborar un plexo intelectual abarcativo y coherente para perseguir la "ingeniería social" que surgió con la modernidad.

La "ideología", en esos tiempos, se relacionaba con la "razón" que generaba las "ideas". Suponía ser única, en el sentido de que la razón era la herramienta que debían utilizar los seres humanos para organizar el mundo, ya que configuraba aquello que todos "tienen en común". Suponiendo honestidad, no existía más que una sola "ideología" posible y era la que respondiera a la objetividad del pensamiento científico.

Si el viejo orden feudal exhibía un caos de disgregación, parcelamientos y legitimidades superpuestas coexistiendo por razones inerciales en un colorido variopinto en el que tenían espacio viejos privilegios ciudadanos, delegaciones religiosas, herencias contractuales, concesiones reales, vasallajes, supersticiones y creencias derivadas de poderes sobrenaturales o históricos, el nuevo orden debía levantarse como su contracara.

Su herramienta era la ley, norma de aplicación y alcance general frente a la que todas las personas ("ciudadanos") debían someterse porque expresaba la forma "racional", "inteligente", que expresaba el estadio más avanzado de la civilización hablando el lenguaje que podía ser entendido por todas las culturas, clases sociales, religiones y lenguas. Los seres humanos se adueñaban por este medio de las riendas de su historia, arrebatándoselo a las religiones, la suerte, la herencia, el ser supremo o la propia naturaleza.

La ley fue la expresión política de la "ideología". Su arquitectura suprema se mostraba en los "Códigos", monumentales sistemas normativos atravesados por la coherencia de sus postulados, sus "instituciones", sus relaciones jurídicas articuladas sin contradicciones. Fueron la culminación jurídica de la Revolución Francesa, que en cuanto continuadora y profundizadora de la "Ilustración" que iluminaba a los reyes absolutistas, se sentía con el derecho de reglamentar escrupulosamente desde las relaciones de familia hasta un nuevo calendario. La "ley" configuraba el proyecto racional de la sociedad moderna.

El sujeto social que sancionaba la ley era quien ocupaba el Estado, concebido como el único legitimante de la voluntad política. Superados los conflictos entre el papado y el imperio, el regalismo creciente transfirió ese poder a los reyes, que iniciaron la construcción de los estados nacionales y abrieron el camino de la modernidad. Su carácter absolutista fue, en su momento, profundamente transformador, al imponerse al viejo orden feudal, caótico y fragmentado. El rey absoluto tenía por debajo de sí a sus súbditos, sujetos a sus leyes. Era el supremo "sujeto social" que creaba derecho y ejercía el poder para aplicarlo. Sin embargo, detrás de esa vanguardia, otros sujetos sociales comenzaban a surgir con visiones menos homogéneas y, ampliando el camino abierto por los reyes, desatarían las densas transformaciones que terminarían construyendo los estados democráticos modernos.

Las revoluciones burguesas democráticas avanzaron sobre ese camino. Cuando la razón se libera de sus ataduras, avanza sin remedio. El poder absoluto de los reyes no era, a la postre, una expresión racional. No había motivo que justificara el absolutismo, y por el contrario, las características ontológicas del ser humano exaltado como el gran protagonista de ese proceso comenzado con el Renacimiento eran contradictorias con la existencia de determinados seres humanos —los monarcas- ubicados por razones presuntamente "naturales" encima de los demás, y con facultad para dictarles normas de comportamiento. El hombre no es el "lobo del hombre" (Hobbes), sino que el tirano lo es respecto de sus súbditos (Locke).

Aunque la referencia al interés general siguió siendo obligada en el debate público, empezaron a surgir sin embargo sujetos sociales que entendían a ese interés general de manera diferente, según como a cada cuál le fuera en la feria, aunque invocando todos ser intérpretes legítimos del interés del conjunto.

El "sujeto social" por excelencia en tiempos de la construcción de los Estados Nacionales era la Nación, especie de "iglesia laica" en cuyo marco —histórico, geográfico, político- debían realizarse las comunidades nacionales que avanzaran hacia formas ejemplares. No podían aún constituirse en el estado universal porque la diversidad de mundo no lo permitía, pero debían construir, cada cual en su espacio y en su propio camino y cual etapas intermedias, esa sociedad justa y racional a la que se arribaría cuando todas estuvieran en condiciones de hacerlo. En ese momento llegaría el "Estado Universal" en el que las normas de la razón regirían, también, universalmente (Kant).

Mientras tanto, las personas debían asumir esa construcción en sus naciones. Y los sujetos sociales que habían comenzado a esbozarse con las revoluciones burguesas por debajo de las "naciones" fueron tomando conciencia más nítida de sus intereses, impulsando el juego de la política en los nuevos espacios estatales. El surgimiento de los individuos como última referencia de legitimación de los sistemas político-sociales (Rousseau), sujetos que dejaron estampada su condición en las declaraciones de los "Derechos del Hombre y del Ciudadano" en la Francia revolucionaria y en la primer democracia moderna, los Estados Unidos, abrió el camino a su nueva toma de conciencia de la diferente situación en la que las personas se encontraban de cara a su ubicación en la sociedad, el proceso productivo y la disposición de gozar de los crecientes bienes producidos por la potente revolución industrial.

Se esbozaron las "clases", reemplazando los viejos estamentos del orden feudal y sumándose a los individuos. Esas "clases" coexistían en el "estado llano" o "tercer estado", el agregado a la nobleza y el clero del viejo orden. Pero aún en ese "tercer estado" la complejidad de la surgente sociedad moderna fue provocando nuevos agrupamientos, que por un lado fragmentaban la pretendida unidad del "pueblo", pero por el otro hacían florecer el colorido de sociedades plurales con creciente conciencia de sus diferencias.

Las clases comenzaron a ser consideradas los nuevos sujetos sociales y la lucha política en los estados las tuvo como protagonistas principales, conscientes o inconscientes. Hasta que llegó Marx, y les puso el sello intelectual de identidad.

No está claro si por una necesidad didáctica o por convicción científica, la construcción marxista relacionó en forma lineal y potente la identidad de clase con la forma de entender el mundo, decretando la subordinación de lo cultural a lo económico, de la "superestructura" a la "estructura". Fue ésta en realidad una construcción leninista, más que marxista, porque si bien está claro hoy que las personas están atravesadas por una proliferación de identidades que han reemplazado la vieja identidad "fuerte" del mundo moderno, también lo está que aún en los tiempos del marxismo originario las personas no razonaban solamente en función de sus "pertenencias de clase" sino en razón de otras convicciones que no siempre respondían a sus intereses más directos, y Marx ya lo advirtió en "Das Capital".

De todas formas, lo que interesa a efectos de este análisis es que la "ideología" dejó de ser única y pasó a ser concebida como la forma en que cada sector "superestructural" construía sus imaginarios y organizaba sus ideas, las que tampoco eran ya la expresión única y objetiva de la realidad, sino que diferían según el punto de visión de la situación de clase desde la que se analizaba. Y ésta dependía del punto de observación, desde la situación e intereses "objetivos" de la clase a que perteneciera el constructor del relato.

De una forma o de otra, lo cierto es que los "sujetos sociales", en la Europa de la modernidad, se identificaban a grandes rasgos con los intereses económicos de las clases, aunque en ocasiones escondidos tras pertenencias regionales o geográficas (como "los de la llanura", los "montañeses", los "girondinos" y los "jacobinos" de la Revolución Francesa), con un discurso ideológico en el que los sujetos predominantes fueron los propios individuos, cuyos derechos fueron la base de los procesos revolucionarios, y su pretensión de legitimidad se asentaba en el interés de la Nación, como colectivo unificador del destino colectivo.

El marxismo cambió totalmente el enfoque al trasladar "in totum" la condición de actor social a "las clases", y la condición de "sujeto histórico" principal a una de ellas, la clase obrera, sobre cuyo ilusorio imaginario edificó su gigantesca superestructura ideológica. Esa clase tenía los "verdaderos" valores, intereses, motivaciones, capacidades y potencialidades de la condición humana, en cuanto era la única en condiciones de acceder a un conocimiento realmente "científico" de la realidad (Marx). No se daba cuenta de ello, por su "alienación" producida por el "sistema de explotación capitalista", por lo que era necesaria la existencia de su "partido de vanguardia" conducido por intelectuales esclarecidos que sí los conociera y asumiera en consecuencia su rol de "conducción" de un proceso revolucionario.

Como el objetivo era arribar a una sociedad perfecta, no eran cuestionables los métodos cualquiera éstos fueran. Como el enemigo a derrotar se resistía a la realización de la condición humana de los trabajadores, no había límites éticos en la acción política, en los "medios". Como los propios trabajadores no tenían conciencia de sus intereses, era justificable en la transición revolucionaria una "dictadura del proletariado" ejercida a través de su partido concientizado, frente a la cual desaparecieran los derechos individuales (Lenin).

En nuestro país, desde los tiempos de la Revolución de Mayo y aún sin desconocer la clara impronta clasista de reclamos o exigencias a lo largo de la historia de comerciantes, ganaderos, industriales o agropecuarios, la política funcionó como un subsistema relativamente independiente de las clases, y por el contrario su dinámica mantuvo una autonomía relativa que respondía a reglas de identificación y de objetivos autónomos.

Por supuesto que la imbricación entre el poder y los sectores sociales es inherente a cualquier sociedad organizada y también lo fue en el naciente país del Plata. El punto a destacar aquí es, sin embargo, que las decisiones más importantes de la construcción del nuevo país fueron tomadas por una especie de "estamento político-militar" sin dependencia directa de los intereses económicos predominantes o más importantes en las diferentes etapas. Las decisiones centrales de la Argentina naciente no la tomaron los ganaderos, ni los comerciantes, ni los gauchos, ni los extranjeros residentes, sean ingleses o franceses. Todos ellos estaban en el juego, pero la política de esos densos tiempos de "revolución y guerra" (Halperín Donghi) de la primer década del nuevo país se definía en un espacio acotado a los protagonistas del escenario público, animados por discursos que sólo de manera tangencial hacían referencia a las conveniencias o intereses "de clase" y que se referenciaban con el triunfo o el fracaso del proceso independentista.

Ajustando la mirada, no sería aventurado afirmar que aún el "bajo pueblo", politizado y armado a partir de las Invasiones Inglesas, actuaba más en razón de su visión sobre el interés general de la "patria" –identificada con la ciudad en la que vivía- que en función de reivindicaciones económicas directas.

Es oportuno reiterar el concepto de que esa autonomía no implicaba "ruptura", ni siquiera "aislamiento" entre la política y la sociedad. El soporte económico de los comerciantes porteños a los ejércitos del norte –ambas campañas, apenas producida la Revolución de Mayo, y luego el Ejército de los Andes-, buscaba recuperar el Alto Perú, fuente de riqueza que financiaba la actividad económica de todo el Virreynato del Río de la Plata, en rigor compuesto centralmente –a pesar de la grandilocuencia de su nombre- por una pequeña senda con dos extremos: Potosí y Buenos Aires.

De hecho, hubo momentos históricos en que las decisiones políticas significaron una carga tan fuerte para determinados sectores que provocaron su reacción e incluso su protagonismo político. La reacción del "partido del orden" contra los "políticos profesionales" y el propio gobierno de Martín Rodríguez en la década del 20 en el Estado de Buenos Aires fue una muestra clara de esa reacción, cuando la pérdida de lo que hoy es Bolivia se hizo irreversible y las familias ricas de Buenos Aires descubrieron la potencialidad de la ganadería y la riqueza agropecuaria para reemplazar la perdida plata potosina.

Sin embargo, la decisión de constituir un gobierno propio, en 1810; la de conformar la Junta Grande, en diciembre de 1810; la constitución del Triunvirato y luego del Directorio; las resoluciones democráticas y libertarias de la Asamblea del año 1813 y la declaración de la Independencia por el Congreso de Tucumán en 1816; la decisión de organizar la expedición libertadora de San Martín a Chile y a Perú en 1818, fueron todas impulsadas centralmente por esa burocracia político-militar que, aún con sus fuertes conflictos internos e indudables influencias económicas y sociales no siempre lineales, tomaban sus decisiones sintiéndose depositarias del "interés general" por encima de los intereses de los sectores, identificándose con la construcción de la Nación, a la que se sentían –y de la que se sentían- "sujetos históricos".

No sería posible, efectivamente, rastrear o construir una línea de interpretación histórica coherente de "intereses gobernando" que explicara las potentes decisiones de esa década fundacional en la que se consagrarían los valores identitarios de una Nación (la libertad personal, la libertad de prensa, la valoración del poder como servicio, la honestidad y la horizontalidad igualitaria de quienes lo detentan, la conciencia de la igualdad de derechos de los ciudadanos, la forma republicana y el correlativo recelo a cualquier estamento autoritario, etc.) que aún los siente como propios. La autonomía relativa de la política fue el origen y el marco de realización de la mayoría de estas decisiones y episodios trasladándose luego, en diferentes medidas, al resto de la sociedad, donde perdurarían como herencia cultural genética.

Aunque varios de esos valores son violados en pleno siglo XXI, el disvalor se siente y su violación no genera prestigio sino un creciente deterioro del apoyo o demérito político hacia quienes los ignoran. Enriquecerse en el poder, por ejemplo, puede ser tolerado, pero nunca aplaudido y siempre despreciado. En tiempos coloniales, por el contrario, era algo casi natural y aceptado como un atributo natural de los funcionarios. De la misma forma que aprovechar personalmente las prebendas oficiales en la vida privada – "Decreto de Supresión de Honores"-, corruptela cuya persistencia ha sido en el país tan vigente como su condena social.

En Europa, durante el siglo XIX, las clases sociales fueron tomando conciencia de su identidad y las personas de su pertenencia. Así ocurrió con los trabajadores y las fuerzas socialistas (sea a través de los partidos "socialistas" o de los partidos revolucionarios) que representaban a la clase obrera; de los partidos "populares", que representaron a diversos estamentos propietarios – desde grandes empresas hasta pequeños emprendimientos, comerciales agropecuarios o de servicios-. Cada uno de ellos configuraba "sujetos sociales" diferentes, aunque la amenaza de que la nueva identidad movilizadora, la "clase social", superara la lealtad nacional provocó la reacción de burocracias políticas nacionalistas-populares que, diciéndose "socialistas", advirtieron el peligro. Algunas se aferraron a la denuncia de este "peligro" desde la perspectiva democrática-liberal, pero otras duplicaron la apuesta: se montaron falsamente en la reivindicación de clase y construyeron una propuesta ideológica simbiotizada con el nacionalismo.

El "clímax" se vio en el período de entreguerras, en el que las fuerzas aparentemente más novedosas que llegaron luego de la primer posguerra, los partidos fascistas, se decían todos "socialistas", aunque con el aditamento "nacional" para diferenciarse de la fuerte afirmación internacionalista del comunismo, que ubicaba a la identidad de clase como la principal de todas, superando incluso a la identidad nacional (su invocación militante lo expresaba en cuatro palabras: "¡Proletarios del mundo, uníos"!.)

La identidad de clase constituida en sujeto histórico internacional – comunismo- fue resistida desde la identidad de clase como sujeto histórico nacional de los partidos fascistas, liderando una alianza de clases que aunque se invocara "socialista" se concebía a sí misma como la única forma de resistir el avance real del socialismo marxista –considerado el mayor peligro para "la patria"- e incluso de las formas liberales y a la postre, expresara intereses objetivamente más cercanos a los del alto empresariado de los países que gobernaba.

El siglo XX fue protagonizado por dos categorías de "sujetos sociales" nuevos sumados a los individuos: la Nación y las clases. La primera, surgida como expresión de la primera modernidad, aunque bordeando su origen liberal-democrático, se identificó con la "raza", o incluso con "los trabajadores" en los países centrales y se concibió como marco de contención y realización de sus habitantes en los países periféricos. Las segundas iniciando una trabajosa pugna con la primera, dando origen a una casi infinita pluralidad de mixturas que se extendieron desde su coexistencia pacífica hasta su recelo y aún su demonización recíproca. Los terceros "sujetos sociales" fueron los propios individuos. Protagonistas esenciales de la primera construcción democrática-liberal, superados por la "Nación" y por las "clases", volverían por sus fueros, como veremos, al producirse la fragmentación de la posmodernidad.

La "nación" fue en los países europeos una creación romántica y reaccionaria, que perseguía la utopía de la reconstrucción de una unidad cultural imaginaria e idealizada, amenazada tanto por la exaltación de los individuos como por la preeminencia de las "clases" (von Herder, Fitche) o de otras naciones que consideraba rivales y habían logrado su unidad en forma adelantada. En algunos casos derivó en los fascismos, en forma de exaltación patológica del contrato entre la Nación y el Estado –contrato que, recordemos, es una concepción moderna- pero se mantuvo subyacente en los supuestos de todos los "estados nación", aún en aquellos de conformación liberal democrática.

Sin embargo, en los nuevos países latinoamericanos el marco nacional fue concebido también como un espacio de contención y realización de sus sociedades frente a los viejos países coloniales visualizados como dueños del mundo y constructores del orden mundial "colonial" o incluso "imperialista" del que era imprescindible independizarse para lograr la realización nacional. El nacionalismo de los nuevos países, entrado el siglo XX, no expresaba sólo a las clases poseedoras con visiones reaccionarias, sino también la visión arquitectónica de esa burocracia político-militar que se autovisualizaba como responsable de la construcción de las nuevas naciones (Jauretche, Scalabrini Ortiz). Se presentaría a sí mismo como "nacional-populismo" (por oposición al nacionalismo oligárquico), que a su vez mostraría una vertiente democrática - en la Argentina, canalizada por el radicalismo- y una más indiferente a las formalidades institucionales –expresada por el peronismo-.

Siguiendo su huella originaria, el radicalismo no abandonaría su convicción de sentirse la expresión del "hombre argentino" (Declaración de Avellaneda, 1945), mientras el peronismo se definiría como "esencialmente popular" ("Las 20 verdades peronistas, 1946), en ambos casos concibiendo al marco nacional como el natural espacio de realización de sus luchas y esfuerzos. El internacionalismo quedaba arrinconado, como proyecto, en las vertientes liberales más ideológicas, y como solidaridad de clase en el partido comunista y los sucesivos socialismos, aunque estos últimos con diferentes tonalidades de acercamiento al marco nacional. El radicalismo, por su parte, matizaría fuertemente su impronta originaria liberal-cosmopolita expresada por Leandro N. Alem, para impregnarse, según la moda de los tiempos, de la marca "nacional y popular". A diferencia de su rival peronista, sin embargo, insistiría durante todo el siglo XX en la bandera democrática-republicana como esencial a su identidad.

Sociológicamente, se expresaron en el radicalismo desde propietarios agrarios medianos y pequeños hasta sectores de trabajadores, predominantemente de servicios (ferrocarriles, docentes, empleados públicos, bancarios, etc.), así como las clases medias urbanas; en el peronismo predominantemente obreros y trabajadores en general y empresarios medianos y grandes, en todos los casos con su visión y actividades limitadas al interior del marco nacional; en el liberalismo ideológico empresarios de industrias y finanzas con diferente grado de transnacionalización, y en el comunismo y socialismos lo hicieron intelectuales y algunos trabajadores que compartían las convicciones internacionalistas de la identidad "de clase".

Estos fueron los "sujetos sociales", participando en política en el siglo XX. Más difuso es caracterizarlos como "sujetos políticos", en cuanto este encuadramiento pareciera centrarse en los protagonistas del escenario público —principalmente, los partidos-. Los sujetos políticos —los partidos-, en este sentido, mantuvieron la relativa autonomía con respecto a sus representados, elaborando relatos constitutivos de su identidad que no siempre expresaban con nitidez los intereses —y las identidades- de los sujetos económico-sociales que se expresaban por ellos. Sus documentos básicos esbozan la diferente matriz, aunque con obvias impregnaciones recíprocas. "Primero la patria, después el movimiento y luego los hombres", predicarían las Veinte Verdades Peronistas (Perón, 1950), mientras que el radicalismo comenzaría exactamente a la inversa "...el radicalismo no se divide según las parcialidades de clases, de razas ni de oficios, sino que atiende al hombre como hombre, con dignidad, como ser sagrado." (Declaración de Avellaneda, 1945, Comité Nacional, 1947)

Siguiendo la tradición revolucionaria iniciada en la primera década de la historia argentina, la autonomía de los sujetos políticos con respecto a los sectores e intereses económicos y sociales mantenía su vigencia, aún a pesar de las necesarias imbricaciones recíprocas y relativas "complicidades" discursivas que los acercaban más o menos a sus referentes sociales más cercanos. Ni el radicalismo ni el peronismo, las fuerzas más importantes, aceptarían limitar discursivamente su representación a determinados sectores sociales –aunque algunos de ellos fueran, como se dijo, predominantes en sus adhesiones- sino que se invocaban como auténticos defensores de "la Nación", "la Patria" o aún "el hombre argentino".

Como todas las caracterizaciones sociológicas, no existen límites nítidos. En líneas gruesas, sin embargo, así se expresaban en la segunda mitad del siglo XX los argentinos y sus ubicaciones políticas que canalizan su condición de "sujetos históricos". Y en todos los casos, el paradigma del "estado-nación", tanto como sujeto histórico político, como objeto epistemológico, rigió sin grandes cuestionamientos en sus límites hasta terminar el siglo.

Capítulo 2 - **El sujeto social en la posmodernidad**

La argamasa de la identidad política. No hay más clases sociales unidas por el "pensamiento fuerte". Se impone crecientemente el "pensamiento débil". En consecuencia, la estructuración racional de los comportamientos, al estilo kantiano, ya no es operativa y no funciona tampoco como cemento de unificación de los colectivos políticos y sociales.

La crisis de cambio de siglo, con sus dramáticos fenómenos económicos y sociales, cambiaría drásticamente los criterios de identidad que habían regido la sociedad argentina durante el siglo XX.

Sin embargo, sería incorrecto ver los episodios de diciembre del 2001 como un corte salvaje. Aunque el epifenómeno político del proceso fue efectivamente una perturbación abrupta de los estilos políticos vigentes en Argentina durante sus etapas institucionales, sus raíces deben buscarse en los treinta años que corren desde comienzos de la década de los años 1970 hasta la entrada en el nuevo siglo.

Como está estudiado en otro trabajo , el paso del predominio estatal-nacional hacia un paradigma cosmopolita es un fenómeno de características globales que impregna todas las sociedades existentes e impone una nueva lógica con la fuerza de un "cambio de época".

El mundo moderno se construyó teniendo en los estados-nación sus sujetos históricos protagonistas virtualmente excluyentes de la "comunidad internacional". Ellos disciplinaron las sociedades alrededor del concepto de "soberanía", con sus extensiones internas y externas. Fueron los organizadores de sus respectivas sociedades, a partir de los cuales se articuló cada sociedad.

Internamente, eran los dueños indiscutibles de la normativa heterónoma, de la que habían desplazado a los poderes ancestrales —como las religiones e incluso las culturas inerciales-. No se concebía que nadie pusiera freno a su potestad o "imperium", y mucho menos que algún sector o institución discutiera su supremacía.

Fueron los marcos de construcción de economías resguardadas por las "aduanas", celosas custodias de los límites y bordes y administradoras del intercambio con el "exterior".

Fueron los titulares y administradores de la "identidad nacional", a través de las normativas sobre nacionalidad y ciudadanía, regulando los derechos y obligaciones garantizados a sus ciudadanos y a los extranjeros dentro de su territorio.

En sus manos estaba la construcción del relato nacional, a través de versiones oficiales de la historia que tendían a generar la identificación de sus ciudadanos con los esfuerzos y luchas compartidas, los símbolos y las fechas, los próceres y sus gestas.

Y fueron el campo de juego de las distintas visiones políticas canalizadas por los actores político-sociales de cada espacio, con una fuerte autonomía respecto de los actores del exterior, a los que se concebía como extraños al juego local a pesar de las simpatías o antipatías que pudieran generar en los diferentes protagonistas.

Los Estados-nación se correspondían con el estado de un mundo en el que las distancias se habían acercado con respecto a los tiempos feudales, pero seguían siendo una barrera importante para el intercambio; un mundo en que las técnicas militares se habían perfeccionado con respecto a la época de las guerras entre los ejércitos de los señores feudales y armas de alcance local, pero el desplazamiento estaba aún limitado por la logística de las grandes cantidades.

Era, además funcional a un orden con un número limitado de protagonistas soberanos en condiciones de efectuar alianzas destinadas a mantener una paz apoyada en el equilibrio de fuerzas, administrando los intercambios en función de tratados entre países cuya soberanía y el control del propio territorio les permitía regular con aceptable precisión los intercambios y las eventuales imbricaciones, siempre puntuales y definidas, de su sistema productivo con actores de otro país.

Los estados-nación eran, por último, tanto los grandes contenedores como el gran contrapeso del capital en el funcionamiento económico. Al fin y al cabo, los dos extremos del proceso económico -su capacidad de producción física y su capacidad de venta en el mercado- estaban sujetos a la legislación interna.

Los estados-nación podían regular la propiedad, las formas societarias, el financiamiento, la importación, la exportación, la organización de los sistemas previsionales, el régimen impositivo, la infraestructura, los servicios de insumos externalizados, las normas laborales. La política, que construía el poder como resultado de la correlación de fuerza de los "sujetos sociales" de la modernidad —obreros, empresarios y diferentes sectores- era el natural contrapeso del capital, diseñando sociedades más o menos exitosas y más o menos justas.

Sin embargo, a partir de la séptima década del siglo XX, una serie de factores desatarían un fuerte cambio en el paradigma de funcionamiento del mundo, tras la locomotora del desarrollo científico-técnico.

Ese desarrollo y un episodio de origen político —la nacionalización del petróleo por parte de los países del oriente medio- cambiaría, en una simbiosis proactiva, el diseño y el funcionamiento del mundo. A partir de esos hechos, una sucesión de episodios, causales y casuales, desataron la aceleración de la historia de fines del siglo XX.

La nacionalización del petróleo y el drástico incremento de sus precios fueron respondidos con la inconvertibilidad del dólar, decidida por Nixon en 1973. La medida posibilitó la gigantesca emisión monetaria norteamericana, desatando una inédita inflación internacional y la abundancia también inédita de moneda (dólares), que terminaría provocando el correlativo incremento de la deuda de los países emergentes, destinatarios de créditos inesperadamente "blandos".

Esa liquidez utilizó las nuevas herramientas comunicacionales para hacer más fluido el desplazamiento de capitales, escapando al viejo cerco nacional. La globalización financiera fue la punta de lanza del nuevo paradigma, que maduraría año tras año hasta alcanzar de pleno a la economía de bienes y servicios.

El otro episodio político potenciador del cambio fue el cambio de las relaciones entre Estados Unidos y China, a partir del viaje de Nixon en 1972, y las inesperadas decisiones del Undécimo Congreso del Partido Comunista de China, en 1977, que virtualmente abrió las puertas al capitalismo y a la integración del gigante asiático al mercado mundial.

A partir de esos hechos se fortalecería una imbricación íntima de las economías de ambos países, convertidos en locomotoras de la globalización. El impulso a la liberalización del comercio con la ampliación sistemática del GATT y su transformación en OMC en 1995 acompañaron este proceso, que se había potenciado con la implosión del bloque socialista, a fines de la década de los 1980, convirtiendo al mundo en un gran mercado sin los límites objetivos que implicaba la existencia de dos sistemas económico-políticos en la dura pugna de la guerra fría.

Mucho dinero disponible, libre desplazamiento, liberalización del comercio, mercado mundial unificado: tal el nuevo escenario, sobre el que actuaría la revolución más acelerada de la historia humana: el desarrollo científico técnico, con su sector de vanguardia, las comunicaciones.

Había comenzado con el desarrollo de la telemática, pero una rápida sucesión de novedades facilitaron la incorporación al escenario global de los últimos grandes protagonistas, los ciudadanos comunes. Esas novedades fueron el desarrollo de Internet, la burbuja tecnológica de fin de siglo que cubrió al mundo de fibras ópticas y redes satelitales, la aparición de navegadores con protocolos unificados "TCP-IP" amigables con los usuarios –Netscape, Iexplorer y otros–, la accesibilidad de las computadoras personales, los nuevos programas interactivos y las redes sociales.

Los "sujetos sociales" de otros tiempos, cuya acción central se producía dentro de los marcos de los Estados, sufrieron la llegada de múltiples nuevos actores con distintos intereses y pluralidad de demandas y ofertas, reduciéndose el poder de los Estados y las grandes empresas transnacionales, aunque potenciándose el de los actores financieros de riqueza "simbólica". La capitalización bursátil global, que mantenía hasta la década de 1970 aproximadamente una relación 1 a 1 con el producto bruto global, llega a fin de siglo con una relación de 4 a 1, y la deuda de los Estados con este capital financiero global se dispara. Los Estados, en consecuencia, agregan a su debilidad una nueva y fuerte dependencia de actores globales que no están atados a una normativa jurídica ni política pública.

Paralelamente, los actores recién llegados comenzaron su pugna para ocupar sus espacios, resultado de nuevas identidades potenciadas por los vínculos abiertos por las nuevas comunicaciones. Ambientalistas, defensores de fauna y flora, luchas por la igualdad de género, iniciativas contra la pobreza, derechos humanos en general y focalizados en infinidad de centros de interés como niños, mujeres, ancianos, pobres, "homeless", emigrantes, refugiados, y muchos otros impregnarían horizontalmente el debate mundial, afectando al viejo equilibrio de los antiguos actores en forma cada vez más imprevisible. Pero también aparecerían con singular potencia actores que delinearon un escenario global delictivo, con características propias aprovechando, al igual que el capital, el novedoso dato de la imprevista debilidad de los Estados.

Se fue conformando una sociedad global desigual, dinámica, anárquica, altamente anómica, que trae como novedad el cuestionamiento epistemológico de su propia identidad. ¿Es, en efecto, el resultante de todas estas fuerzas, una "sociedad" en el sentido que la sociología y la política entendía por tales durante los tiempos modernos?

Hay quienes hablan, en este sentido, del "fin de la sociedad" (Bauman), habida cuenta que la vida social de los seres humanos en los nuevos tiempos no puede ser analizada con los cartabones interpretativos tradicionales, elaborados en base a un supuesto en retirada, el estado nacional y su exigencia de lealtad absoluta a sus ciudadanos ("patriotismo", virtud que pierde su excluyente posición en la axiología de la hegemonía cultural del nuevo paradigma y cuya sola enunciación adquiere connotaciones vetustas y fuera de tiempo).

La sociedad nacional, la identificación entre la sociedad y su herramienta política, el estado, y las economías identificadas centralmente con esa sociedad y ese estado, está atravesada por nuevos bordes identitarios. No hay una superposición exacta entre poder, economía, sociedad y nación, sino que, como manchas viscosas, cada uno de los subsistemas busca su propia forma de subsistencia, y no siempre en la misma dirección.

La economía se globaliza. La "nación" deja de ser considerada la base exclusiva del "estado". Y el estado, atravesado por limitaciones inter, supra y sub-estatales, se debate en un cambio substancial en que su propias funciones, justificación y legitimidad son puestos en discusión, dejando de ser considerado como el natural generador de normas heterónomas, es decir, dejó de reconocérsele "soberanía" absoluta sobre sus poblaciones e incluso sobre su territorio.

Paralelamente a estos procesos, reaparecen —como está dicho- los individuos, las personas comunes, dotadas de mayor poder ante cierta inversión del "panóptico" foucaultiano. El "gran hermano" resultaba no ser sólo el Estado, sino también el público. Y resultaron ser víctimas del gran hermano no sólo las personas —o al menos, no en el sentido en que fue pensada la crítica originaria-sino también el propio poder, sometido a un escrutinio diario por infinidad de individuos que se introducen en él por las crecientes filtraciones de los "secretos" que sostuvieron su potencialidad durante siglos.

Esta nueva relación social de fuerzas entre los ciudadanos y el poder se expresó por primera vez en forma potente con la caída del muro de Berlín y la implosión del bloque socialista, y se expresa entrado el siglo XXI en la sucesión de rebeliones en los países árabes contra sistemas políticos cerrados, y en la proliferación de "indignados" en diferentes países desarrollados. Pero también por el conmocionante acontecimiento de "Wikileaks" , sacando a la luz los secretos más íntimos de la seguridad, la defensa y la diplomacia del país más poderoso del mundo.

El Estado, creación moderna que congregaba demandas, expectativas, deseos y proyectos del conjunto social, sintió carcomidas sus bases económicas con la globalización -financiera primero y de los procesos productivos luego- pero también por la irrupción de los nuevos actores.

La descomunal potencia del nuevo paradigma le privó de herramientas, pero no lo liberó de las expectativas que las personas tenían sobre su actuación – sociales, previsionales, laborales, seguridad, etc.- las que al ser crecientemente incumplibles les limaron su legitimidad. Y esa debilidad implicó la correlativa debilidad de la política, como actividad destinada a reglar el acceso al Estado para proyectar intereses e ideologías de los ciudadanos organizados en sus herramientas funcionales, los partidos políticos. Estado, política y partidos entraron en un tobogán paralelo a la licuación de las estructuras de la modernidad –Bauman- dejando a los ciudadanos solos frente a su destino.

Las mediaciones que implicaban las organizaciones intermedias de la modernidad –gremios, partidos- que articulaban a los ciudadanos con intereses y visiones compartidas desaparecieron como protagonistas exclusivos y esa fragmentación convirtió a los antiguos paradigmas de funcionamiento y representación en piezas de museo, al desaparecer la argamasa que las nucleaba.

En efecto, ni los intereses "de clase" ni los acuerdos "ideológicos" tienen ya asiento en la realidad. Como la política, sin embargo, necesita justificaciones para la acción gregaria, surgieron como reemplazo los "relatos", cual cuentos o novelas cortas que interpretan la historia en forma parcial y lineal, cada uno exhibiendo u ocultando los hechos que avalan o conspiran contra su pretendida veracidad y validez excluyente.

Esta nueva argamasa tiene sin embargo la característica de las identidades de la segunda modernidad: su condición efímera. Duran tanto como dura el esfuerzo de quienes lo elaboran e impulsan, pero al no estar asentados en –ni representar a- ningún "sujeto social" permanente –ya que éstos han dejado de existir como colectivos estables- están de antemano condenados a su desaparición y eventual reemplazo por nuevos "relatos" según las necesidades de los eventuales nuevos protagonistas con turno en la escena.

Su parcialidad y tendenciosidad, por su parte, le resta legitimidad ética para su aceptación como la expresión de "la verdad" o "la razón" y esto convierte al debate político en un cínico combate dialéctico donde, en el fondo, se discute el poder desmatizado de cualquier fundamentación superior o interés de representación, ya que queda desnudado como la lucha por los resortes restantes de un Estado en deguase, a ser utilizados por sus detentadores para perseguir intereses alejados de cualquier finalidad altruista.

¿Cuál puede ser, en este escenario, la argamasa que unifique a las fuerzas partidarias?

No las "ideologías", cuyo vacío conceptual ya analizamos. No los "intereses de la Nación", cuyos límites y bordes han sufrido la mediatización de la globalización. No los "intereses de clase", concepto cada vez más lábil, complejo y ausente en el devenir social. Tampoco alcanzará —desde una perspectiva transtemporal- la difusa épica de pasado, que si bien puede movilizar espíritus apasionados que adhieran a afectos y odios de otros tiempos, se parecerá cada vez más a imágenes sepias imposibles de proyectarse a la complejidad y novedad creciente de la agenda de hoy y mañana, que requiere otros alineamientos en razón de presentar opciones ausentes en tiempos de la producción de los hechos generadores de las viejas épicas.

Estas imposibilidades parecen aconsejar hacer virar la búsqueda desde el plano de los objetivos compartidos, al plano de la eficacia instrumental para prevenir los riesgos, y en consecuencia a reemplazar la fuerte "ética de los principios" por el "pensamiento débil" (Gianni Vatimo) cuya característica es la tolerancia con la visión ajena y la disposición a la construcción de consensos operativos tras objetivos puntuales compartidos con quien ve y piensa el mundo en forma diferente.

"El pensamiento fuerte conduce inexorablemente al conflicto, la intolerancia y la violencia", dice Vattimo. Era consustancial con los tiempos de la intemperancia y la creencia en los valores absolutos, y era compatible con las estructuras sociales sólidas y marcadas: iglesias, estados, partidos, ejércitos, familias, empresas... pero es incompatible con un mundo de seres humanos diversos, plurales y con identidades superpuestas y cruzadas, donde nada es definitivo y donde el devenir tiene la incertidumbre propia del momento actual.

El nuevo paradigma en construcción, aún con sus profundos interrogantes y falta de certezas, tiene características evidentes: exige apertura para aceptar lo diferente, para tolerar culturas distintas, para respetar la individualidad de cada uno, para tolerar y garantizar la creciente libertad personal de todos en cuanto no afecte la libertad de los demás.

Y cada vez más exigirá que este "ethos" tenga vigencia universal, por encima de los bordes de los viejos "estados-nación". Su estandarte es la vigencia universal de los derechos humanos, y la extensión del concepto de derechos humanos a un piso de dignidad cada vez más exigente.

Los "sujetos sociales" tradicionales ven así la llegada a escena de una parafernalia de nuevos invitados: grupos de interés de los más diversos, lealtades a colectivos diferentes de ciudadanos ubicados físicamente en cualquier lugar, pero habitantes todos de "la nube", ese singular concepto que simboliza la universalidad de la Internet, identidades cruzadas que atraen y generan el sentido de pertenencia de los ciudadanos con mayor potencia que las viejas lealtades nacionales, sindicales o partidarias –desde deportivas hasta culturales, desde musicales hasta "tribus urbanas"-. Y de individuos "globalizados", custodios celosos de su libertad y ansiosos de probarla a cada paso, cuestionando todo lo anterior, arrasando a su paso con los prestigios heredados de las estructuras históricas.

La no linealidad del proceso no lo frena. Las resistencias existen y son revulsivos de la aparición estertóreas de viejas creencias, que sin embargo resultan siempre impotentes para frenar esa marcha.

Lo demuestran los fuertes debates sobre las nuevas formas de familia, cuando se presentan a escena. Es muy difícil que triunfen los que defienden el mundo más cristalizado y sólido de la familia nuclear, de los sexos tajantemente diferenciados, de la separación de razas y la delimitación nítida de los géneros en su relación con el trabajo y la vida civil.

Por el contrario, la tendencia asentada en el "espíritu de los tiempos" avala las diversas formas de grupos familiares, el trato igual a todos por encima de sus particularidades de sexo y de género, la igualdad de cara al trabajo y a los derechos civiles y la creciente igualdad incluso por encima de la pertenencia nacional, fenómeno en que algunas regiones del mundo –caso la Unión Europea- ya ha consagrado legalmente entre los nacionales de los países que la integran.

Estos temas, además, forman agenda. Al hacerlo, someten a las viejas formaciones partidarias constituidas sobre la antigua agenda y otras demandas y opciones, a tensiones insuperables porque incluyen en su seno a quienes piensan de manera diversa, o sea, las convierten en disfuncionales de cara a la motorización y canalización del debate. Quedan "demodé" y, en consecuencia, debilitadas en su condición de representantes de los ciudadanos.

Sin embargo, son las únicas que existen en condiciones de gestionar lo que queda del viejo Estado Nacional, del que además se espera que surja su heredero o sus herederos para crear la política del nuevo paradigma global.

Las fuerzas políticas se enfrentan así a un dilema de cuya correcta solución dependerá su propia subsistencia. Una opción será aferrarse a sus viejos mapas conceptuales e ideológicos. La disfuncionalidad con el dinamismo de una realidad novedosa, densa y complicada las llevará a su paulatina extinción.

Otro camino será aprovechar la utilización del esqueleto residual de las viejas estructuras políticas vaciadas de sustancia transformadora en un programa cercano al cinismo: la política como mecanismo de realización de fines personales de escasa o nula vinculación con el bien común, nuevo tipo de bastardización para la cual los discursos carecerán de compromiso con la acción y serán sólo armazones argumentales virtuales efímeras destinadas a construir, sobre la inercia cultural de viejas identidades decadentes o nuevas identidades fantasiosas, el soporte político necesario para reciclar el patrimonialismo, verdadero objetivo de la ocupación del poder.

Este camino puede apoyarse en la aséptica construcción de burocracias gerenciales desvinculadas del contenido proyectual de la acción política y, en todo caso, relacionándose con los sectores sociales y de opinión desde la presunta imparcialidad de la administración a la vez que vaciando los espacios de debate de los que puedan surgir fuerzas limitantes del ejercicio centralizado del puro poder.

Otra opción será explorar las nuevas formas de justificar su esfuerzo gregario. La tarea es titánica, pero puede ser exitosa. En este camino quizás la respuesta no deba enfocarse, como adelantaba hace unos párrafos, en los principios identitarios, sino en la eficacia operativa. Tal vez lo decisivo no sea sólo "defender lo que se cree" por convicciones apriorísticas, sino la frescura y ductibilidad para encontrar soluciones a los problemas y los riesgos que sienten los ciudadanos, dando por supuesta la necesidad de transacciones recíprocas y una permanente evaluación de lo principal y lo accesorio de cada posición.

Esta actitud, no épica sino arquitectónica, no unidireccional sino multifacética, puede llevarlas a recuperar el prestigio perdido y a la vez a ser funcionales con la construcción del nuevo paradigma global. Requiere la revitalización de los tradicionales órganos plurales de representación y poder, la construcción de instituciones dirigidas a encauzar y contener la potencialidad de los ciudadanos a la vez que organizar la convivencia en los diferentes sectores de la realidad, y a garantizar la máxima libertad posible a las personas, buscando incrementar sistemáticamente su autonomía con el objetivo de erradicar paulatinamente las diferentes formas de alienación producidas por las relaciones desiguales.

Pero esta actitud, sin embargo, no está exenta de acechanzas. No cualquier solución, en efecto, será válida. No cualquier consenso si éste se apoya en la excesiva concesión a exigencias no sostenidas en la ética de los ciudadanos, que aunque no tenga ya la fuerza heterónoma de otros tiempos, sigue respondiendo a formas de ver el mundo apoyadas en la autonomía personal.

El arte de la política se habrá desplazado hacia un territorio más complicado, aunque quizás más apasionante. No bastará, como en otros tiempos, con aferrarse a un conjunto de líneas de acción compartidas que canalicen y disciplinen a los contenidos en ellas, sino que exigirá encontrar fórmulas de acuerdo suficientemente amplias como para ser aceptadas por el colorido enorme de la sociedad actual, y a la vez tengan la precisión y eficacia necesarias para solucionar los riesgos y problemas que molestan a los ciudadanos, quienes siguen siendo más que nunca la última referencia de la legitimidad del poder y de la acción política.

La fidelidad a los principios terminantes será reemplazada por la eficacia en la construcción de soluciones concertadas animadas por los valores diferentes de quienes se paran en diferentes lugares pero tienen similares problemas. Sin embargo, la intuición anuncia que con todo eso, no alcanzará. Más aún: la etología humana del poder vinculado al conflicto, a su aspecto agonal, hará correr el riesgo de que frente a la propuesta de consensos que ubica —por así decirlo- el debate "en el centro" con mirada estratégica, se levante la polarización que lo impulse hacia los bordes —sea por convicciones o por cinismo-, lo que aunque lo empobrezca en el largo plazo, le otorga mayor contundencia expositiva en el corto. Mientras la sociedad siga necesitando —y requiriendo- la existencia del poder como un mecanismo ordenador con eventual autoridad coactiva, vale decir mientras no arribe al "fin de la historia" habiendo hecho pie en el puerto de la utopía, será necesario contar con la política como actividad de gestión de lo público, y de su componente previo, la técnica de llegada al poder. Por ahora, no hay en el escenario intelectual otras herramientas que superen a los partidos políticos, aún con nuevas características, nuevas argamasas, nuevos procedimientos, nuevas formas societarias y nuevas alertas.

Capítulo 3 - **La soledad posmoderna**

La labililidad de los agrupamientos sociales —clases, naciones, familias, regiones, partidos, sindicatos, clanes- deja a las personas en un estado de soledad y desguarnecimiento existencial donde sólo parece tener sentido la autodefensa.

Enfocar la política como actividad humana moderna conlleva la acción gregaria, social. Los sujetos sociales, en las sociedades complejas y matizadas del mundo del siglo XXI, sin embargo, sufren una transformación que altera su tradicional actuación e interrelación, así como sus impregnaciones y superposiciones recíprocas.

En la sociedad cerrada organizada en estados-nación, las identidades humanas, aún expresándose en forma simultánea en ámbitos diversos con contenidos de pluralidad, se referenciaban con instituciones permanentes productoras de normativas heterónomas, lealtades internas y formaciones culturales producto de construcciones históricas. Esas instituciones, sea socio-legales como la familia, la propiedad, el derecho en sentido amplio, el matrimonio, la filiación, los contratos, etc., sean culturales como el valor indiscutido del trabajo estable, la igualdad legal de las personas, la no discriminación, la aceptación de la diferencia, sean burocrático-administrativas como los diferentes órganos y jurisdicciones del estado, los gremios, las estructuras educativas, las organizaciones militares, los partidos políticos, las propias instituciones de la sociedad civil, disciplinaban a sus integrantes y contenían las diversas clases de relaciones e interrelaciones entre las personas y las distintas instituciones entre sí.

La pertenencia a estas instituciones o su vigencia —según el caso-, por lo general, tenían un alto grado de permanencia y estabilidad y ello impregnaba el imaginario cultural las personas. Un trabajador metalúrgico de una empresa determinada llevaba esa identidad a cuestas en gran parte de su vida, y lo mismo ocurría con un docente, un burócrata administrativo o un empresario. La forma de pensar de cada persona era altamente predecible, y en cuanto grupo colectivo también era predecible lo que pensaría y cómo actuaría la mayoría de sus integrantes, porque los conflictos también eran permanentes en su dinámica y sus actores. Esa identidad era, además, la referencia de los demás hacia él y marcaba con aceptable claridad su ubicación y papel en la sociedad.

Por supuesto que estas identidades no eran lineales ni monotemáticas. También se expresaban en ideologías compartidas, en pertenencia a otros determinados colectivos o en la sujeción a determinadas interpretaciones históricas o filosóficas. Pero aún estas otras identidades solían abarcar a las mismas personas, en otros ámbitos institucionales.

Las personas encontraban en esos ámbitos institucionales sus marcos de contención, sentido de identidad y pertenencia. La familia, el gremio, el partido político, la nación, la escuela a la que concurrían los niños, las iglesias, eran los espacios de socialización cuyas normativas —heterónomas- estaban claras y eran persistentes. Era previsible casi todo, salvo los eternos misterios de la vida y la muerte —aunque para éstos también estaba la respuesta religiosa-, pero desde el nacimiento hasta la muerte, la vida de las personas tenía mapas de vida altamente estructurados.

Aunque estas vidas estaban conducidas por las estructuras, y ello podía intelectualizarse como limitaciones al libre albedrío, también es cierto que "facilitaban la vida" de las personas, al tener respuestas estandarizadas para las principales necesidades vitales e intelectuales de la mayoría. "Se sabía" desde dónde estaba cada uno y cuál era su marco de pertenencia, hasta cuál podría ser el futuro al que podía aspirar; desde cómo funcionaban los ritos de la formación de pareja y de reproducción, hasta cómo era la forma correcta de educar a los hijos; desde cómo atender los problemas de salud —y cuáles eran los límites a disposición- hasta dónde sería inhumado después del último viaje.

Los interrogantes marginales quedaban reducidos a los mismos que motivaron las indagaciones filosóficas desde tiempos inmemoriales, por lo general temas ausentes de la vida cotidiana y propios de los estamentos filosóficos o académicos, minoría que, aunque de trascendental importancia en la creación de sentido para comprender lo social, funcionaba con autonomía con respecto a la mayoría de las personas e instituciones que portaban su condición de "sujetos sociales".

Cuando se trasladaban a la vida cotidiana de integrantes de la "mayoría social", lo hacían bajo la atenta y dispuesta atención de los especialistas, cuyo prestigio era indiscutido hacia fuera del círculo de iniciados y altamente respetado. Eran los sacerdotes, los científicos, los doctores, los filósofos y en los últimos tiempos de la primera modernidad, los "intelectuales", curiosa creación integrada por personas de diferentes capacitaciones pero unidas por una fuerte actitud endogámica y por la creencia generalizada de ser depositarios de una especie de saber universal superior en condiciones de explicar, con una mirada holística, el funcionamiento del conjunto social y su relación con los interrogantes profundos de la filosofía.

"Sociedad sólida", llama Bauman a este mundo feliz al que, sin embargo, alcanzó el calentamiento de la globalización y comenzó un irreversible proceso de derretimiento de límites.

Los hombres y mujeres del cambio del siglo 20 al 21, a raíz de una transformación de la base tecnológica y productiva de la humanidad que desató una serie de transformaciones gigantescas en la convivencia, se encuentran con un escenario altísimamente más complicado.

Las instituciones de referencia de la primera modernidad van perdiendo sus bordes de contención, dejando sin resguardo a las personas, que de pronto se encuentran que deben tomar decisiones sobre temas que antes ni siquiera le habían preocupado. Las normativas heterónomas cuya reproducción era en el "mundo sólido" casi imperceptible se van licuando y cayendo en un "desuetudo" social definido como la creciente falta de virtualidad obligante de esas normas.

Esa creciente labilidad no alcanza sólo a las reglas tácitas de reproducción social, sino que se extienden también a la política, a las instituciones socio-legales y a las burocrático-administrativas.

Las personas comunes se encuentran con un escenario en el que nada está asegurado, o al menos no lo está con la fuerza con que lo estaba pocas décadas atrás.

Una de las principales instituciones articuladoras de lo social, el trabajo estable, se retira inexorablemente de su rol protagónico y deja a las personas dudas insalvables sobre su reemplazo. Esto es percibido principalmente por los jóvenes, que nunca lo disfrutaron ni lo conceptualizaron como una realidad tangible y cuasi eterna, a diferencia de sus padres y abuelos.

Otra institución articuladora de la vida cotidiana, la familia nuclear, sufre embates desde la licuación de los géneros —asentada en la separación creciente entre el sexo y la reproducción- hasta la tendencia actual de los jóvenes a privilegiar la libertad y evitar los compromisos permanentes, tal vez como mecanismo de previsión ante la necesidad de un alerta constante para aprovechar cualquier oportunidad que se presente en la incierta lucha por la subsistencia, para la que la "carga de una familia" implica dar una ventaja hacia los demás competidores que no la sufren y, en consecuencia, debe ser evitada.

Pero también las empresas. Las fábricas tienen escasa identidad con las imágenes de Marx, en las que los pasillos de las grandes barracas eran el lugar de cambio de ideas y maduración de su nivel de conciencia de clase "en sí" y "para sí", y el trabajo es desplazado hacia los servicios donde los reemplazos de los antiguos pasillos son las oficinas, que en lugar de ser espacios de creación de solidaridad son más bien espacios de competencia en donde la lucha por la permanencia impide la generación de vínculos fuertes entre los trabajadores, más preocupados por evitar la pérdida de su lugar de trabajo que por reclamar por el mejoramiento colectivo de sus condiciones de labor. El teletrabajo agrega aún mayor aislamiento, al limitar la relación entre trabajadores al tenue vínculo telemático, quizás sin verse la cara en años.

En las "macro" identidades —nación, religión- la transformación no es menor. La identidad nacional sufre la dilución de sus bordes ante la globalización económica, que deja a la "sociedad nacional" sin la superposición automática de su base productiva con su sentido de pertenencia.

Los sectores más dinámicos, los que están en condiciones de actuar como locomotora en la generación de recursos por ejercer el liderazgo de la incorporación tecnológica y la rentabilidad, se referencian crecientemente con el mercado global que es el que funciona como lugar de realización de la ganancia. El "mercado nacional", viejo soporte y a la vez objetivo de abastecimiento de la producción de bienes y servicios en la antigua estructura socio-política-económica es atravesado también en sus bordes por líneas que lo atraviesan en todo sentido.

El abastecimiento de los consumos más avanzados, los que marcan el espíritu de época, es realizado por la economía global. Eso ocurre con los teléfonos celulares, con el complejo tele-audio-visual, la oferta tecnológica de consumo, los medicamentos e instrumental médico, pero también en la ropa deportiva, los perfumes, las ópticas, los juguetes, los automóviles, la comida "gourmet", y hasta los combustibles y gran parte de la alimentación.

Esos productos llevan el sello de la modernidad más actualizada y son objeto de veneración por la mayoría de la población. Poco puede, sin embargo, hacer la política interna para hacerlos accesibles a esa población utilizando los tradicionales mecanismos de gestión pública de las economías cerradas y los "estados-nación" que se asentaban en ellas. Puede lograrlo —una vez más- en el corto plazo y al precio de reducir los espacios de libertad ciudadana, pero a costa de generar contradicciones crecientes que eclosionarán inexorablemente más tarde o más temprano.

La transformación global afectó de manera decisiva a la política tal como operaba en el marco de las sociedades cerradas y los estados nacionales. Al debilitarse el poder de los Estados, esta debilidad se trasladó en forma directa a los sub-sistemas dentro de la política, y a los propios partidos. Los cánones de interpretación del mundo que alineaban voluntades en los diferentes partidos generando los lazos de cohesión para la acción conjunta son superados por un nuevo paradigma de base global que no responde a las herramientas tradicionales, y en consecuencia tampoco se corresponde con las construcciones ideológicas edificadas sobre esa interpretación. Y esta no correspondencia es una dinamita en el centro de cohesión de las fuerzas partidarias, sacándolas de sus respectivos sistemas de referencias recíprocas.

La facilidad de transmisión de la información hace el resto, instalando esta conciencia de impotencia política en los ciudadanos, que como consecuencia debilitan sus lazos de representación en sus tradicionales adhesiones político-partidarias, aunque no ideológicas, que sin embargo se recluyen en el fuero íntimo de cada uno.

Lo que interesa en este punto es, sin embargo, enfocar el efecto de los cambios en el espíritu y la cultura de las personas.

Al no contar más con los marcos referenciales de su existencia –como está dicho, familias, gremios, partidos, iglesias, estado- las conductas dejan de gozar de la confiabilidad de lo establecido. No hay atajos para evitar la reflexión, porque todo debe ser resuelto por cada uno, volcado a la soledad de su propia identidad sin que nada desde su exterior le ayude con reglas heterónomas confiables y firmes.

La sentencia "Murió Dios", que había adelantado Nichtze, significando que ya no resolvía nada, se aplica crecientemente al Estado Nacional, a los partidos, a los gremios, a la familia. Se disuelven las identidades nacionales, en el mar global y en la fragmentación interna. Se debilita la identidad familiar, golpeada por los cambios relacionales. Los gremios ya no agrupan más que algunos reflejos inerciales del pasado por el cambio del paradigma productivo y las nuevas formas empresariales (externalizaciones, "out-sourcing", deconstrucción de los procesos producivos, etc.) y, en todo caso, sólo sirven de a ratos como mecanismos técnicos de organización del servicio de salud –y hasta eso es discutible-. Y los partidos políticos se amalgaman alrededor de vacías invocaciones ideológicas históricas disfuncionales con los problemas actuales de las personas, en algunos casos, o de simples complicidades en una especie de "lucha por el botín" en otros, pero no por la preocupación por la solución efectiva de esos problemas. Las iglesias, por su parte, son superadas por un imparable laicismo que se profundizó durante todo el siglo XX, manteniéndose sólo en el Islam más fundamentalista.

En ese escenario, entonces, se ubica la desorientación del hombre del siglo XXI. No entenderlo es renunciar de entrada a encontrar el "sujeto político" de los nuevos tiempos, que abandona su naturaleza colectiva para reemplazarla por una esencial soledad.

Capítulo 4 - **Búsqueda de nuevas contenciones**

La soledad existencial recrea la búsqueda de cobijo en un escenario caótico. Las antiguas creencias no lo dan, porque hacen agua en la nueva realidad que ha cambiado los Estados, los partidos, los gremios, las familias, los afectos.

Desde que salió de las cavernas, el hombre vivió en sociedad. Su antropología no le permite la soledad. Necesita la contención de un grupo, con el que se referencia e identifica. Aún las personalidades más individualistas requieren, en algún punto, una referencia externa sobre la que definen su identidad primaria.

Primero fue el clan y la tribu. Luego la ciudad-estado, y después la familia, la religión, el terruño. El mundo feudal vio surgir las corporaciones, los gremios, las castas. En los tiempos modernos, la idea de clase social, los estados, las propias "ONGs".

El paradigma globalizador va licuando las tradicionales referencias, dejando a las personas arrinconadas en su soledad y en búsqueda angustiosa de una referencia existencial, con la tensión contradictoria de necesitar la pertenencia pero, a la vez, ser celoso custodio de su independencia.

Tales extremos tienen puntos de contradicción insolubles. Las personas querrían tener la seguridad que otorga un grupo, pero no renunciar a su autonomía a favor del grupo. Querrían poder descansar –como en otros tiempos- en la tranquilidad que generan las relaciones estables, las parejas que duran, los afectos permanentes, las relaciones laborales de largo plazo, los prestigios preservados durante toda la vida. Pero también querrían no atar su destino a la plácida y rutinaria vida del conjunto, donde los equilibrios humanos conforman un entramado de hilos invisibles más fuertes que el acero que encasillan su libertad.

La tensión no es inocente y expresa el drama del cambio de paradigma, que ya se había expresado al pasar del mundo agrario al industrial. El mundo feudal estaba plagado de incertidumbres, pero también de certezas. La modernidad respondió a gran parte de las incertidumbres del mundo feudal y creó las propias, pero frente a ellas generó sus propias pertenencias (el status, la clase social, el lugar en la empresa, el partido político, el gremio, el reconocimiento del currículum y la línea de vida de cada uno, conocido y respetado), sumándose a las históricas contenciones de la familia, el estado y el terruño.

Hoy la dilución de esas pertenencias no se realiza a favor de nuevas, que la reemplacen. La responsabilidad de la decisión ante cada demanda de opinión y acción pasa a cada persona, con sus potencialidades pero también con todos sus peligros, entre ellos el mayor de todos: tener que asumir en soledad la consecuencia de sus actos.

Las personas buscan nuevas contenciones, conscientes de la debilidad de las históricas. No se apasionan más con los partidos, no creen más en los gremios, los estados no les proveen de las seguridades personales, económicas y sociales de otros tiempos, miran los estrepitosos derrumbes ideológicos que convocan, con ternura, a observar los obsesivos esfuerzos para reconstruir la coherencia de sistemas que se niegan a reconocer su impotencia para abarcar la complejidad del nuevo mundo.

Las religiones –viejas- lo abarcan aún menos, y las nuevas sólo reproducen los atávicos esfuerzos de definir nuevos dogmas con los que excluir a quienes no se integren a la disciplina de sus jerarquías. ¿Dónde buscar entonces las nuevas contenciones? ¿Cómo definir las nuevas identidades?

El hombre en su búsqueda nueva es más que nunca el "dessein" de Heidegger. No es más el "ser" ontológico, fijo e inmutable en su identidad definida, sino el "proyecto lanzado", reconstruido diariamente por el bombardeo de cambios grandes, medianos y pequeños del entorno en el que vive. La aparición del mundo "virtual" ha agregado crecientes complejidades a estos interrogantes, permitiendo la fragmentación mayor de las identidades múltiples que ya se habían insinuado fuertemente con la aparición de la fragmentación posmoderna, aún antes del surgimiento del mundo virtual.

Una persona que era oficinista, además músico, con diez años de casado y dos hijos, que votaba radical o peronista, hincha de River, de Boca o de Independiente..., partidario de Luisito Di Palma en el automovilismo, "fan" de la Negra Sosa y de los Redonditos de Ricota, de ascendencia italiana y afecto a las reuniones familiares de los domingos para comer tallarines o un asadito en familia, sumaba identidades diferentes que tironeaban sus afectos, en diferentes momentos, según se encontrara en su trabajo, en la tribuna, en la reunión familiar, en la Comisión de Padres de la Escuela, en una asamblea del gremio o en un acto de su partido. En cada uno de esos sitios era conocido y re-conocido por los demás, valorado y respetado –o cuestionado- por las identidades que confluían en él, lo definían y lo contenían.

Pero aunque en esa compleja madeja de identidades quedaba aún espacio para la creación voluntaria de la autoimagen, nunca como con el surgimiento del mundo virtual esa posibilidad se ha incrementado tanto al punto de dar acceso a tantas identidades múltiples como deseos tenga de crearlas, adquirirlas y desempeñarlas. Y hasta de hacerlas desaparecer, con un simple "delete" en el perfil de su red social que significa la muerte electrónica de su personalidad virtual, que sin embargo, puede renacer en otra red, o con otro "nick" en la misma.

La inversión se completa. Si en el mundo moderno, "rígido" y formal, muchas personas formaban un "colectivo" que las hacía compartir grandes parcelas de sus identidades conformando el conjunto un "sujeto social" que –junto a otros- formaban la "sociedad", en el mundo posmoderno cada persona tiene a su disposición la creación voluntaria adicional (¿artificial?) de cuantas identidades quiera, y en consecuencia la posibilidad de creación (¿voluntaria?) también de cuantas sociedades desee. La lealtad con el colectivo, esencial para las identidades modernas, queda en el borde de su desaparición. Depende sólo de un "click".

¿Dónde está, en este nuevo mundo, el ancla contenedora de las angustias existenciales, los deseos insatisfechos, las inseguridades vitales, la necesidad de seguridad colectiva, que acompañó al ser humano desde comienzos de su existencia?

"Soluciones biográficas para las contradicciones sistémicas", ha sentenciado Ulrich Beck. Esa es la ecuación de la post modernidad, en la que subyace el reconocimiento de la profunda soledad en la que se encuentran las personas.

Pero, a la vez, surge una enorme potencialidad. Porque esas soluciones biográficas legitiman la fragmentación para unirse en la biografía, lo que retrotrae al ser humano –común, cotidiano- la condición de sujeto social.

Bauman describe esta realidad con profundo sentido crítico. "Es un oxímoron", exclama, al juzgar imposible la hipótesis de resolver con la biografía las contradicciones sociales. El reclamo, sin embargo, no deja de ser como la crítica a la mancha de la piel del tigre. No es posible no aceptarla. Así es la realidad. El desafío es encontrar la forma de que el hombre pueda sentirse menos solo en la redacción de su biografía, la nueva argamasa que le permita volver a sentirse parte confiada de un colectivo, y que esa confianza no sea un atajo simbólico sino una posibilidad real.

Sin embargo, tampoco podemos ignorar la angustia contenida en la crítica baumaniana. Imaginar como única solución a las contradicciones sistémicas las construidas por las propias biografías se acerca demasiado al fin de la política, como actividad gregaria y colectiva. Los lazos gregarios se hacen tan tenues y efímeros como los intereses que exprese, coyuntural o episódicamente, cada ser humano. La debilidad de estos lazos impide generar la fortaleza propia de las luchas políticas de los siglos XIX y XX, que movía la historia con las pugnas entre izquierdas y derechas, nacionalismos e internacionalismos, liberales y conservadores.

En los orígenes de la modernidad asistimos a afirmaciones parecidas, cuando el pensamiento de la ilustración fue construyendo alrededor del ciudadano la nueva legitimidad reemplazante de la ancestral del "antiguo régimen", derivada de Dios a través de los poderes terrenales, el papado, el imperio y los monarcas.

Sin embargo, el "ciudadano" no dejaba de ser otra abstracción, al exigir como condición de existencia un determinado "nivel de conciencia" y al llegar de la mano del "contrato social", otra abstracción destinada a ocupar el imprescindible espacio de la autoridad, en un mundo cuyo dinamismo estaba demasiado atado a los protagonistas "más sanos y principales" de la sociedad.

Hoy los encargados de escribir y ejecutar sus "políticas de vida" son los propios ciudadanos, y los políticos deben no sólo detectarlas, sino adquirir la capacidad de articularlas para recrear la posibilidad de la acción conjunta.

Las políticas de vida, sin embargo, son por definición individuales. Se asientan en escenarios colectivos, que como lo hemos adelantado son fragmentados, intercalan mundos reales y virtuales, cercanos y lejanos, con identidades difusas. Pero en última instancia responden al impulso, reflexión y decisión esencialmente individual. La pertenencia a grupos de acción local –partidos, gremios-, aunque permanezca, no implica una disciplina heterónoma, sino en el mejor de los casos una difusa referencia no obligante.

El nuevo escenario hace surgir nuevamente a las personas, pero en su condición de tales. Acompañadas de una novedosa exigencia –y reconocimiento- de su igualdad esencial, y aunque sigan existiendo algunos "más iguales que otros", también está claro que esos "otros" se sienten con crecientes derechos que reivindican, sea migrando, sea protestando, sea exigiendo, sea reclamando, sea actuando en el mundo real o en el mundo virtual, con posibilidades de acción insospechadas en razón de la fuerza que les dan las nuevas herramientas tecnológicas, la debilidad de los Estados y la licuación de las sociedades y organizaciones intermedias.

Y las usan. Como lo demostraron desde los que produjeron en la penúltima década del siglo XX el derrumbe del bloque "socialista" hasta los que cuestionan, aún al costo de sus vidas, la legitimidad de las autocracias islámicas.

En el medio, en infinidad de matices, inciden en la política, provocan derrumbes de gobiernos y limitan al poder, no en nombre de contextos ideológicos o principios "fuertes" sino en el mucho más lábil de lo que consideran –cada uno- sus derechos inalienables.

En este nuevo mundo hay nuevas contenciones. Entre ellas, dos se destacan, íntimamente vinculadas al nuevo protagonismo de las personas desde la soberanía de su soledad: su celular y su conexión a Internet. Su PC, notebook, netbook, tableta o similar, cada vez más potenciada por los nuevos formatos de comunicación interactivos: Facebook, Myspace, Twister, Linkedin, Youtube, y los que seguirán apareciendo en una acelerada sucesión de vínculos que cada uno utiliza según su inclinación, gustos, necesidad o voluntad, son los nuevos vínculos sociales, que se suman y en muchos casos reemplazan a los viejos vínculos laborales, familiares, sociales, deportivos, políticos o gremiales.

El celular y la conexión a Internet contienen y expresan en el nuevo mundo las ansiedades y necesidades de las biografías que sintetizan contradicciones. Los seres humanos comunes se están convirtiendo en el punto de llegada de esa construcción abstracta que comenzó con la invención del "ciudadano" y que hoy resulta la carnadura más visceral y a la vez, más natural, de las construcciones intelectuales de la modernidad.

Capítulo 5 - **Disfuncionalidad de la política**

La política con su antiguo formato de políticas generales no es funcional a la nueva situación, cada vez más fragmentada. Está diseñada, además, como subsistema de un sistema en desintegración articulado por la díada "nación-Estado nacional", que ya no tiene la misma contundencia que en la primera modernidad y más bien tiende a debilitarse.

La política, como actividad moderna, requiere personas que opinen en forma similar sobre determinados aspectos de la realidad y que, además, se propongan unir esfuerzos para cambiar total o parcialmente esa realidad.

No existe "política", con este sentido, en un curso universitario o en una escuela de pensamiento determinada que decide no convertir su visión en un propósito activo de cambio o de defensa del "statu quo".

Sin embargo, esta definición que podríamos coincidir en llamar "académica" de la política no incluye a la gran mayoría de quienes hacen política en el mundo actual, cuyo propósito no es ni cambiar la realidad ni defenderla, sino algo más claro y pedestre: acceder a la detentación del poder y a la relativa discrecionalidad que le es inherente para disponer sobre bienes públicos y conductas ajenas.

Las fuerzas políticas actuales, como está dicho, tienen su historia y su ideología como un telón de fondo cada vez más difuso, y su arsenal propositivo es cada vez más etéreo o, en gran cantidad de casos, meramente temporal. Ora pueden sostener propuestas que en otros tiempos hubieran sido calificadas de "liberales", ora "socialdemócratas", "derechistas" o "izquierdistas". Las mismas fuerzas, y en ocasiones las mismas personas, giran en sus discursos y propuestas con poco tiempo de diferencia, lo que indudablemente inhibe la definición de los partidos como "unión de personas que piensan parecido".

Este fenómeno lo podemos observar en el mundo desarrollado y en el mundo en desarrollo. En el primero, es notable el cambio de posición en España de socialistas y populares acerca de temas tan sensibles como la no incorporación a la OTAN —bandera socialista cambiada abruptamente al llegar Felipe González al poder- o la progresividad en el impuesto a la renta —que es sostenida o cuestionada por uno u otro según quien detente el poder circunstancialmente-. El mismo tema de la migración muestra cambios notables tanto en el discurso como en las propuestas de acción según la fuerza política ocupe el gobierno o sea oposición y según el lugar que el tema ocupe en las encuestas electorales.

En el mundo en desarrollo también se nota este fenómeno. Se ha notado en varios casos, pero en ninguno con tanta nitidez como el cambio del peronismo, en la Argentina, con una diferencia temporal de menos de una década. Las medidas en extremo anti-estatistas del presidente Menem, entre 1990 y 1999, que no sólo actuaron sino intelectualizaron el cambio de 180º de la visión tradicional del peronismo sobre privatizaciones, papel del Estado en la economía, apertura al mundo y respeto a las reglas del mercado fueron demonizadas por el gobierno peronista iniciado en 2002, con un cambio acompañado no sólo por la mayoría electoral sino por la enorme mayoría de los dirigentes peronistas que habían apoyado a Menem.

En todos los casos, lo que determina el cambio de posición de las dirigencias es la percepción sobre el estado de la opinión pública sobre cada tema. En consecuencia, el liderazgo político se reemplaza por el liderazgo de la pura realidad, mientras los liderazgos corren tras esa realidad convenientemente medida a través de muestras de opinión y de su propia percepción del "espíritu de la época".

Las muestras de opinión, sin embargo, también sufren los efectos del nuevo escenario, lábil y cambiante. Son cada vez más los casos en que las muestras electorales, por ejemplo, aún realizadas con el máximo de resguardos que aconseja el estado de arte sobre el tema, reciben el "mentís" de la propia realidad. El resultado electoral de Colombia, en 2010, fue en este sentido una muestra cabal. Los pronósticos electorales anunciaban un triunfo abrumador del candidato opositor Antanas Mokus, con una propuesta moderna y fuertemente institucional. Sin embargo, triunfó el oficialista Juan Manuel Santos por el número de votantes más altos de la historia de ese país.

¿Duran estos apoyos, o las "fotografías de la opinión pública" que implican muestras electorales y las propias elecciones sólo son eso, fotografías de un día, cuya permanencia en el tiempo es efímera?

La respuesta quizás la encontremos, nuevamente, en la afirmación de Beck. "Se alinean voluntades" un día, pero al día siguiente –al igual que el previo– cada voluntad estará priorizando otro contexto y otro complejo de intereses, desentendiéndose o cuestionando incluso lo que ella misma haya expresado el día anterior. Los agregados sociales serán otros. Y las mayorías también. Las contradicciones sociales se expresan en soluciones biográficas, para cada sujeto y también para el conjunto social, pero tienen la permanencia efímera del mundo líquido.

¿Quiénes son los sujetos sociales en estos procesos? ¿Es legítimo seguir aceptando como válida la tradicional tesis de considerar tales a los que se mantienen como grupos de poder en forma más o menos estable y en forma colectiva, al estilo de los movimientos por los derechos de la mujer, los movimientos ecologistas, o determinadas minorías? (Alain Touraine) ¿Por qué? Si así fuera, ¿el mega-conjunto social deja de estar protagonizado por sus mayorías, para sólo ser objeto de la reflexión y acción de sus minorías más dinámicas?

Queda claro que un desfasaje muy marcado se evidencia entre las instituciones estables del espacio político estatal y la voluntad de los ciudadanos a los que –en teoría– ese espacio representa. Y en todo caso, queda expuesta la presunción simplemente operativa –pero ficcional–de que el poder representa a las mayorías, ya que en realidad la representación que ha recibido es el resultado de una afortunada –o desafortunada– conjunción de voluntades individuales que, en determinado momento y lugar, provocó esa mayoría.

La respuesta a esta reflexión es imaginable: siempre fue así. Pero la respuesta a esta réplica no puede obviarse: siempre ha sido así, pero tradicionalmente existían entidades de referencia –los partidos, las ideologías, los valores y "principios"- que en un plano intermedio alineaban y sistematizaban la visión de grandes cantidades de personas sobre determinados temas, lo que les permitía coincidir en esos partidos políticos, en cuya responsabilidad estaba articular y ordenar el debate social. Los partidos actuaban sobre el supuesto de la permanencia de las opiniones de los ciudadanos que los integraban y votaban, sobre los temas que formaban parte de sus "issues" fundacionales o de sus relatos coyunturales en cada proceso electoral.

Esa característica no es ya permanente. No existe esa persistencia de visión y opinión. Los "issues" fundacionales están diluidos como sombras que proyectan apenas antiguos afectos, alejados de la agenda de hoy –y de las decisiones sobre el futuro-. Y los "issues" coyunturales, aquéllos sobre los que normalmente giran los debates electorales, tienen una vigencia tan efímera que no se puede edificar sobre ellos ningún sistema de ideas permanente, ya que ni siquiera es seguro que en poco tiempo no haya que cambiar las respectivas propuestas, simplemente porque cambió la realidad y las anteriores dejan de ser interesantes o posibles.

Es más: suele ocurrir con mucha frecuencia que el esfuerzo argumental de un partido en el poder deba dirigirse a justificar por qué no toma las medidas que anunció en la campaña o se corresponden con su identidad fundacional, antes que a anunciar que ha cumplido las legítimas expectativas de sus votantes.

Simplemente porque la realidad, la coyuntura, o el cambio de la opinión mayoritaria con referencia a un determinado tema de agenda hizo imposible actuar de otra forma.

Capítulo 6 - **Dónde encontrar la política**

La política debe buscarse en otra construcción. Un esbozo de la nueva política la da Hannah Arendt (la política como construcción de la convivencia), pero si la vieja política es insuficiente por su "pensamiento fuerte" disfuncional con el mundo actual, ésta parece por el contrario demasiado débil como para convocar a la acción colectiva. Más bien se parece a una ética del relacionamiento, que no genera pasión sino en todo caso, guías para una buena conducta. La pregunta sigue siendo: ¿dónde encontrar hoy la política? entendiendo por tal la acción colectiva para adueñarse de la definición del destino, reivindicándola de las fuerzas económicas y de los espasmos de las modas.

Los sujetos colectivos permanentes, propios del mundo "sólido" –en términos de Bauman- son cada vez más efímeros. Entre ellos estaban los partidos, instrumentos que actuaban de interfase entre los ciudadanos y la gestión del Estado y se convertían en imprescindibles herramientas del funcionamiento democrático, al especializarse en las técnicas de gestión de los órganos institucionales de ejercicio del poder –Estado, instituciones locales-.

El cambio de paradigma social-global ha sido tan potente que hasta los más fervientes defensores de las tesis de los "sujetos históricos" colectivos, los pensadores marxistas, han relativizado sus antiguos dogmas. Marta Henecker, por ejemplo, intelectual del marxismo chileno más ortodoxo, sin renunciar a su visión de fondo anticapitalista y antinorteamericana, ha reconocido tácitamente la ruptura de la identidad entre la conciencia de clase y la existencia de una de ellas, la trabajadora, como excluyente líder, y expresa su convicción de que para retomar el espacio perdido considera necesario buscar el nuevo sujeto histórico en los conexión con los movimientos populares nacidos extramuros de la izquierda convencional y de la crisis generalizada" , pensamiento en el que parece coincidir Erick Hoschbaun, historiador estrella del neomarxismo británico, quien ha sostenido que las categorías de "imperialismo" y "países dominados" ya no definen categorías actuales, y que el motor revolucionario no puede identificarse más en forma exclusiva con la clase obrera, como era el dogma del marxismo clásico.

Ante la crisis de los partidos, que refleja el cambio del mundo "sólido" por la efímera liquidez de las convicciones temporarias y de prioridades cambiantes, la búsqueda de la política se abre hacia dos grandes espacios reflexivos:

Por un lado, el que mira desde los partidos "hacia abajo", vale decir hacia su legitimidad de representación. Detectar cómo se reconstruye esta legitimidad luego de la caducidad creciente de la vieja argamasa "ideológica" que unía a ciudadanos con pensamientos similares sobre un cúmulo determinado de temas, permitirá una guía que oriente los esfuerzos de los profesionales de la política, dicho esto sin ninguna carga despectiva sino más bien descriptiva de aquellos ciudadanos con vocación por los temas públicos.

Por el otro lado, el que mira de los partidos "hacia arriba", vale decir hacia su capacidad de gobierno, tema en el que la precisa percepción del nuevo equilibrio de poder social entre el espacio "público" y la autonomía creciente de los ciudadanos ocupa un capítulo decisivo.

En el primer tema, agotada la invocación a viejas lealtades a similitud de creencias, pareciera imponerse la necesidad de reformular las virtudes de los partidos hacia su capacidad de articular intereses diversos, más que a defender posiciones teóricas o axiológicas. En este sentido, serán más valiosas —y exitosas- las organizaciones partidarias que demuestren mayor capacidad de formular síntesis, acuerdos y consensos destinados a solucionar los problemas que la sociedad entienda, en cada momento, que requieren una decisión pública.

Es obvio que las axiologías, los "valores históricos", seguirán siendo un elemento de cohesión, pero también lo es que su fuerza será cada vez más tenue y no alcanzará para mantener la unidad frente al cúmulo de problemas complejos que las diferentes coyunturas presenten a la decisión pública, que cruzan valores contradictorios pero de similar importancia y requieren mixturas complejas y disposición a consensos. Las respuestas de los partidos hacia los tradicionales temas de convivencia se han acercado cada vez más hacia el "centro", al punto de que la diferenciación entre respuestas de una y otra fuerza suele demandar un esfuerzo intelectual no exento de creatividad.

Esta realidad es notable en todos los temas que requieren decisiones públicas. La vieja separación entre "izquierdas" y "derechas" basada en las políticas económicas, por ejemplo, no ofrece ninguna guía confiable, ya que cualquiera sea la familia ideológica del partido en el poder –o en la oposición- suele notarse que su reacción frente a problemas similares termina siendo muy parecida. De la misma forma hay "ecologistas" entre las fuerzas de izquierda y de derecha, y partidarios de la mayor o menor tolerancia hacia formas novedosas de familia también entre ambos.

Si la mirada se fija en las políticas sociales, observamos que éstas responden también crecientemente a políticas de base técnica o científica, con similares respuestas frente a los mismos problemas apenas se atraviesa el forzado marco argumental de unos y otros.

Es más bien previsible que sea necesario recurrir a la gestación de alianzas coyunturales frente a cada tema, que atravesarán posiblemente el interior de las distintas fuerzas. Nuevamente, el debate sobre la institucionalización del matrimonio entre personas del mismo sexo fue en la Argentina una avanzada de una clase de discusión que se dará cada vez más frecuentemente, de cara a la nueva agenda posmoderna.

En este sentido, pareciera que la historia estará favoreciendo a los partidos de tradicional composición plural, más acostumbrados a la coexistencia entre visiones diferentes, que aquellos subordinados a una visión única compartida por razones ideológicas.

Pero ello será así a condición de que, efectivamente, actúen con esa disposición a la tolerancia, la convivencia y la búsqueda de consensos. Los consensos no reflejarán acuerdos permanentes, sino que requerirán la madurez suficiente en el debate como para no dejar secuelas que impidan futuros acuerdos, en temas diferentes, con diferentes alineamientos de las mismas personas.

Los sujetos políticos, en este caso, no serán exclusivamente los partidos, sino las efímeras alianzas coyunturales que respondan a cada tema, y que desaparecerán luego de saldado el respectivo debate para alinearse de la misma forma –o de otra- cuando el problema a debatir sea otro.

Esto trae a la reflexión el otro enfoque: desde los partidos hacia el poder. Y aquí pareciera claro que la funcionalidad de una sociedad fragmentada, a la vez que respetar la creciente autonomía ciudadana, deberá concentrar los esfuerzos en la edificación del "piso de dignidad" sobre el cual cada persona pueda desarrollar su política de vida. Porque –"soluciones biográficas para contradicciones sistémicas"- ya no serán posibles respuestas públicas para solucionar problemas privados, tan diversos como personas vivan en un determinado territorio. Pero la existencia de ese piso de dignidad establecerá el punto de partida equitativo e igualitario para que cada uno pueda escribir su biografía. Al final, ese piso no deja de estar muy cercano de las viejas obligaciones de la política: vivienda, salud, educación, seguridad, previsión y seguridad social, discriminación positiva para los más necesitados.

¿Dónde encontrar entonces la política? ¿En la obsesiva recreación de viejas épicas? ¿En la forzada actualización de antiguos marcos ideológicos totalizadores? ¿O será que la política se ha volcado tanto hacia lo técnico que hay que renunciar a su viejo rol de representación social para concebirla tan sólo como la capacidad técnica de gobernar, entendiendo por tal el éxito en una gestión más o menos prolija del aparato público en aquellas áreas en las que la discrecionalidad todavía exista para quienes ocupan funciones?

Tal vez sea en la respuesta a esta pregunta que encontraremos la síntesis a la protesta de Bauman frente al individualismo del nuevo escenario. Porque para facilitar a cada persona la construcción libre de su biografía, es necesario liberarla de las angustias vivenciales que marcan su distancia con la modernidad alcanzada. No habrá libertad ni autonomía –no habrá democracia, diría entonces David Held- mientras existan necesidades vitales tan acuciantes que obliguen a quienes las sufren a limitar sus opciones autónomas como tributo, como una especie de nueva servidumbre, a quienes puedan solucionárselas, o paliarlas. Estas necesidades son, tal vez, la última batalla de la política tal como la conocemos, y la forma de solucionarlas puede ser la última gran división entre los caminos posibles, que en última instancia se terminan reduciendo a dos: construir clientelismo, o construir ciudadanía.

Segunda parte

La política en la Argentina

Construir clientelismo o construir ciudadanía son los extremos en los que se ha movido el debate político en la Argentina desde su surgimiento como nación independiente.

Surgida de una sociedad estamental, a pesar de su relativa modernidad con respecto a otras formaciones políticas coloniales hispanas de entonces, reproducía en su seno cualititativamente a imagen y semejanza la estratificación de la sociedad hispana. La revolución tuvo sus tiempos fundacionales en épocas convulsionadas para el pensamiento y la práctica política occidentales.

Las revoluciones americana y francesa fueron un marco idealizado de los patriotas que dieron las luchas iniciales. Es preciso reconocer que esas visiones, enraizadas en la Ilustración del Siglo de las Luces en los últimos tiempos del absolutismo francés, también se nutría del creciente "regalismo" con miradas más seculares para la justificación del poder, el que pasaba a considerarse un fenómeno menos religioso y más cercano a una mirada positivista.

La revolución imaginó como protagonistas a los "ciudadanos". Éstos, sin embargo, no existían en la vieja sociedad colonial plagada de estamentos. Cierto es que el Vierreynato del Río de la Plata podía mostrarse en esos tiempos como el único en el que no existía una Corte ni una aristocracia, como sí las había en el Perú, en México o incluso en Nueva Granada.

Sin embargo, el poder político efectivo, originado en el monarca hispano, se expresaba localmente mediante la preeminencia de los "españoles europeos" en los cargos públicos y privilegios otorgados por la Corona. Era la alta

59

burocracia colonial. Luego seguían los comerciantes acaudalados, fundamentalmente españoles pero ya con la presencia de algunos criollos, y por último un complejo agregado que no pertenecía a "lo más sano y principal".

Sin embargo, no todo ese "resto" era considerado el bajo pueblo, la plebe, o clase baja. Entre ésta y la élite había un numeroso sector de "gente decente", que claramente no pertenecía a la élite pero que era también diferenciado de las clases más empobrecidas, de la que surgían los artesanos, prestadores de servicios varios, quinteros, fonderos y otros, que sin embargo tenía una clara jerarquía interna, tal vez tanto o más marcada que la existente entre las clase superiores.

La pureza de la sangre (españoles puros, los más jerarquizados) marcaba claramente una diferencia que segregaba a quienes tenían sangre mestiza, antecedentes judíos o indios. Y el lugar de residencia (el centro, o las zonas de la periferia) indicaba otro marcador.

En aquellos agregados fundacionales ya se expresaban los motores principales del país que nacía. Ambos estaban relativamente claros.

De un lado, un plexo cultural estratificado y jerárquico, heredero de las miradas coloniales, que se consideraba el legítimo y exclusivo detentador del poder, cuya relación con los sectores más humildes era de una clara y "natural" diferenciación, aunque también similar a la vieja aristocracia castellana, paternal en relación con su servidumbre.

Y enfrente, aquellos que imaginaban una sociedad legalmente igualitaria, moderna, asentada en la ley y con base en el novedoso concepto del "ciudadano", siguiendo el ejemplo de las revoluciones más avanzadas de la época, la norteamericana y la francesa.

De este último sector surgió ese grupo burocrático-militar que desencadenó la Revolución y fue protagonista del complicado nacimiento del nuevo país hasta el reflujo autoritario de 1830.

La historia argentina ha sido una constante entre la pulsión modernizadora de creación del "ciudadano", de origen intelectual pero adoptada e internalizada por las "clases populares" en sus ansias de igualdad, y la arcaica tendencia a la diferenciación, más funcional con el instinto social vigente entonces, entre personas que mandan y personas destinadas a ser mandadas y obedecer.

Esa marcha, a más de dos siglos de la revolución y a pesar de sus notables avances, no ha terminado. Impregnada por las categorías socio-intelectuales llegadas del viejo mundo en estos dos siglos, aún continúa, calificando sus improntas originarias con experiencias políticas propias de la evolución bicentenaria de la sociedad. Y también imbricándose recíprocamente, sin perder en lo más profundo sus notas genéticas originales.

La sociedad colonial, estamental y segregada, tiende a eclosionar periódicamente en una convivencia que formalmente es igualitaria y moderna. La pulsión ciudadana no tiene ya como base los escritos de Votaire, pero vive en los reclamos por los derechos humanos, contra toda clase de discriminación, por la inclusión social, por la vigencia de las leyes y el cuestionamiento a la corrupción pública. En gran parte, está montada hoy en la interacción de las redes sociales, la revolución de las comunicaciones y el surgimiento del hombre común como protagonista de la historia, como lo estuvo ayer en los intelectuales modernizantes y en los partidos políticos republicanos-democráticos, surgidos a partir de la revolución de 1890 – radicalismo, socialismo, democracia progresista-.

Esta segunda parte intentará abordar la compleja dinámica actual de la política argentina e indagar las posibilidades de una síntesis, tan provisoria como lo son las ideas en el campo de las relaciones entre la sociología, la economía y la política al comenzar el tercer milenio.

Capítulo 7 - **La modernidad inconclusa**

La Argentina ha sido en las últimas décadas una especie de banco de pruebas de la historia. La densidad de los acontecimientos políticos y sociales que ha protagonizado deja el interrogante si considerarlos como los coletazos sin resolver de demandas históricas, o como la avanzada de un mundo teñido por las contradicciones y la fragmentación de la posmodernidad.

La superposición de temas correspondientes a ambos grandes capítulos de la reflexión política es uno de los grandes problemas sin resolver, que tiñen la vida política del país, produciendo efectos nada despreciables en la evolución política coyuntural. Digamos en este momento que al final, si la política no es otra cosa que la sucesión ininterrumpida de coyunturas, sin aclarar intelectualmente la agenda será difícil avanzar en la solución de los principales problemas que la integran.

Los temas "modernos" sin resolver se refieren a los diferentes capítulos de la convivencia: el sistema político, las bases económicas, los objetivos sociales, los sistemas de producción, distribución y consumo, los recursos asignados –y la forma de hacerlo- para la formación de las generaciones nuevas, la previsión para la situación de vejez y eventuales incapacidades (es decir, jubilaciones, pensiones, retiros), la organización del Estado, su sistema institucional de recaudación impositiva y de gasto público, la definición de las diferentes jurisdicciones con sus competencias y recursos, son, entre otros, los temas que configuran la agenda moderna. Es una agenda principalmente de "segundo piso", creadora de herramientas legales e institucionales de organización y gestión.

Esa agenda se "escribió" hace un siglo y medio en la Constitución que dio origen institucional al nuevo Estado, estableciendo las bases legales de la convivencia: los derechos, obligaciones y garantías de los ciudadanos, los órganos del poder, las facultades impositivas que los ciudadanos reconocen al poder, las formas de asignar estos recursos, las jurisdicciones nacional, provinciales y municipales, y, en fin, los principales "issues" que conforman el edificio jurídico-político que regla la convivencia, el poder y la relación con las demás sociedades.

Esa agenda, sin embargo, no rigió en forma pacífica en el último siglo y medio. Valga recordar que recién en 1983 la Constitución fue reconocida por todos los actores como la base fundamental de convivencia, y que en 1994 esa Constitución fue reformada con la incorporación de nuevos derechos sociales y una reforma en el funcionamiento del Estado que buscaba desconcentrar el poder presidencial, reforzar el federalismo y abrir el poder a la influencia de los ciudadanos.

Aún a comienzos de la segunda década del siglo XXI, las normas constitucionales están lejos de ser la base de convivencia. Hay normas orgánicas decisivas –como la ley de Coparticipación Federal de Impuestos- que no ha logrado sanción pasados varios lustros, dejando una gigantesca laguna de incertidumbre y discrecionalidad, y otras mediatizadas por el desuetudo según las conveniencias de la correlación social y política de fuerza de los actores en pugna. La Argentina sigue siendo aún, en pleno siglo XXI, un país fuertemente preconstitucional. Sin un sistema económico-rentístico claro, no es posible hablar de la existencia de una organización constitucional moderna.

La agenda moderna tiene como característica temprana la utilización de la "razón" como argamasa de coherencia, desplazando los arcaísmos que daban al poder una justificación ajena a la delegación ciudadana o "soberanía popular" y ratificaban en forma terminante la igualdad jurídica de las personas desechando expresamente la división en castas, estamentos o categorías humanas presuntamente naturales originadas en el nacimiento, la religión, el género, la ideología política o la nacionalidad. La razón supera así a la delegación divina o la propia costumbre como fuentes legitimantes de la "verdad".

El mundo occidental desarrollado avanzó en la agenda moderna hasta estadios impensados a comienzos de la revolución que terminó con el "viejo régimen".

En los países desarrollados, aun conservando en ciertos casos arcaísmos simbólicos como las monarquías constitucionales, en los últimos dos siglos y especialmente luego de la segunda gran guerra, en sociedades en que los ciudadanos son efectivamente la base del poder del Estado se organizaron sistemas de seguridad social que fijaron pisos de dignidad en la distribución de la riqueza social, se generalizó la instrucción pública, la asistencia médica y la ayuda a quienes se encontraran en el último escalón de pobreza. Estas sociedades no consideran tolerable, en general, que una persona pueda fallecer por falta de alimentos, que no tenga asistencia médica en casos extremos o que, por una u otra vía, no pueda acceder a un techo para su familia.

Los debates que culminaron en la construcción de la sociedad moderna fueron animados por alineamientos políticos que, a grandes rasgos y con infinidad de matices, giraban alrededor de dos grandes bloques: "moderados" y "progresistas", o "derechas" e "izquierdas". Priorizando el orden y el crecimiento económico los primeros, reclamando ampliación de los espacios de libertad y de equidad los segundos, su dialéctica de lucha y compromiso estableció sociedades que, en definitiva, incorporaron en forma virtuosa elementos de ambas visiones en articulaciones siempre cambiantes pero asentadas en la aceptación de su contrario como norma fundamental de convivencia. Como consecuencia de esos permanentes intercambios, la impregnación recíproca fue inexorable: las izquierdas incorporaron a su arsenal intelectual herramientas de mercado, y las derechas hicieron lo propio con las políticas de inclusión y equidad social. El debate se inclinó hacia el centro.

Políticamente, la democracia. Económicamente, la industria. Socialmente, los regímenes de previsión y solidaridad social. Sociológicamente, el protagonismo del "estado-nación" como marco de debate, realización, legislación, acumulación, crecimiento, distribución, legislación. Los límites del territorio, el Estado, la cultura, el derecho y la economía coincidían.

Pero la modernidad, con todos sus avances, no llegó al "fin de la historia". Más bien su éxito abrió paso a la nueva etapa, que algunos denominan posmodernidad, otros prefieren denominar "modernidad reflexiva" y otros "etapa líquida" de la modernidad. El cambio desatado en las tres últimas décadas del siglo XX de la mano de la revolución científico-técnica puso en jaque sus logros y abrió camino a otra agenda.

Una agenda fragmentada, aparentemente caótica, fue impulsada por los éxitos de la modernidad —no por su fracaso- y para cuyo abordaje no son ya funcionales los viejos alineamientos político-conceptuales de la "sociedad sólida". La industrialización exitosa instaló la ilusión del pleno empleo, pero también el deterioro ambiental, que hizo tomar conciencia de los límites de los recursos naturales. La democracia de los ciudadanos limitó los viejos poderes corporativos, pero llegó a cuestionar las estructuras institucionales de representación, considerándolas disfuncionales con la gobernabilidad de un sistema cuyas bases dejaron de ser las Constituciones y pasó a ser un mundo global fuertemente a-jurídico, en el que las concentraciones de poder abiertos u ocultos definen con más entidad temas anteriormente competencia de los parlamentos y de la "opinión pública" de los países.

Los Estados dejaron de estar apoyados en las exitosas "economías nacionales cerradas" y en consecuencia, perdieron su capacidad de responder a las expectativas que lo legitimaban, mientras que formaciones de capital asentadas en el mundo global adquirieron una fuerte capacidad de evasión, resistencia y bloqueo a las normas políticas.

La agenda "posmoderna" tiene, entonces, demandas novedosas, en las que los alineamientos anteriores no definen claramente respuestas racionales de validez indiscutida. Cada uno, por decirlo de algún modo, "razona" según su interés, y todos los razonamientos tienen algo de validez, que no se limita, como en la agenda moderna, a arbitrar entre crecimiento y distribución, entre ganancia y salario o entre autoridad y libertad.

La agenda posmoderna argentina lleva a la virtual totalidad del arco político a coincidir, por ejemplo, en la acentuada priorización que el gobierno kirchnerista ha realizado del sector científico-técnico. Sin embargo, la agenda moderna impide aceptar que esa priorización se decida por la voluntad exclusiva de la decisión presidencial, sin un debate parlamentario que discuta prioridades, defina condiciones y asegure la eficacia en el gasto. Y lo mismo ocurre con el Ingreso Universal a la niñez, iniciativa de Elisa Carrió y Elisa Carca en tiempos en que ambas militaban en el bloque de la UCR, partido que sostuvo políticamente el reclamo. La iniciativa, sin embargo, aunque con falencias graves fue incluido como medida de gobierno –por decisión ejecutiva mediante decreto- durante la gestión kirchnerista. No hubo ley creando una institución sustentable que previera su financiamiento, su inserción en el sistema económico-social, sus objetivos y sus condiciones. A pesar de ser un reclamo de la totalidad del arco político se prefirió la decisión populista en lugar de la elaboración institucional.

Similar actitud fue adoptada en oportunidad de discutir la normatización del sistema de comunicación audiovisual. En lugar de elaborarse una norma de consenso, se prefirió presentarla en el marco de otra construcción populista, el presunto "combate a la corporación mediática", lo que sobre la base de una afirmación desmatizada, o al menos discutible, se elaboró una concentración de los medios en el dominio oficial. Se hubiera podido elaborar una institución reglamentaria moderna, adecuada a las tecnologías de vanguardia, que potenciara el debate creador. Se prefirió una norma amañada, al servicio de la construcción populista.

¿Cómo organizar el debate político con ejemplos como éstos atravesando el maremágnum diario del escenario público? ¿Cómo hacerlo, además, en el marco de un sistema fuertemente presidencialista, deformado en su potenciación al punto de asimilarse al borbónico "despotismo ilustrado" siempre bordeando el riesgo de perder la ilustración y reducirse al descarnado despotismo pre-revolucionario, pre-moderno, de base irracional?

Y ¿cómo encontrar la política en este escenario, con el virtuosismo necesario para discriminar con madurez los diferentes puntos de agenda, en una sociedad con tendencias al maniqueísmo por la simplificación rudimentaria del debate televisivo animando el cambio de ideas con sus métodos desmatizados y polarizantes, que le son esenciales?

En este punto es bueno reflexionar sobre las características de la acción política —la acción conjunta, por definición- del mundo moderno con respecto al mundo posmoderno. En el primer caso, su ubicación en la "modernidad sólida" —Bauman- conduce a alineamientos estables, normalmente en partidos políticos o gremios, que definen un capítulo de objetivos movilizantes de la totalidad o la gran mayoría de sus simpatizantes, y forman normalmente un tema programático caracterizador de su identidad, la mayoría de las veces permanente. Su lógica es "uno" u "otro". "Derecha" o "izquierda", "radical" o "peronista", "moderado" o "progresista". El alineamiento con ambos polos a la vez sería una especie de oxímoron, y en todo caso una "rara avis" cuya conducta sería incomprensible.

Pero en el segundo caso, propio de la "modernidad líquida", como lo vimos en la primera parte, la adhesión es coyuntural, compatible con el alineamiento distinto en otro tema de agenda. Una persona puede coincidir con la campaña coyuntural de un partido por el matrimonio igualitario, y a la vez coincidir con el partido contrario en la posición sobre el aborto. Y con un tercero que está a favor de la minería a cielo abierto, mientras los otros dos apoyan la prohibición de esta explotación.

Para agravar la situación, es probable que ninguno de los tres haya fijado su posición previa sobre estos temas al momento de la campaña electoral, por lo que los ciudadanos interesados en estos temas tampoco sabrían muy bien qué votan. Esta fragmentación no es excepcional sino que será permanente, como resultado inexorable de la superación de los relatos totalizadores y el rescate de la autonomía ciudadana y la búsqueda de "soluciones biográficas a las contradicciones sistémicas".

¿Cómo conformar, entonces, una fuerza partidaria convocante que sea eficaz en canalizar los intereses ciudadanos y evite la simplificación bonapartista —o el autoritarismo borbónico- de delegar en un liderazgo personal la conformación de la agenda y la posición del agrupamiento sobre uno u otro tema?

La modernidad inconclusa dificulta, por su parte, el abordaje de la agenda posmoderna, porque la ausencia de marcos sólidos de debate y resolución de temas públicos —reclamos de la modernidad temprana- deja sin ámbitos donde procesar la infinidad de matices de la nueva agenda.

Una secuencia lógica indicaría la conveniencia de priorizar en consecuencia el agotamiento de los temas modernos irresueltos, como paso necesario para avanzar en la resolución de los nuevos. Sin embargo, la sociedad no admite postergar los "issues" que considera urgentes —la mayoría de ellos, propios de la agenda posmoderna- y pareciera decantarse por la exigencia de su tratamiento aún por las formas irregulares o insuficientes, cuando considera que éstos son ya urgentes y su solución no puede esperar o están maduros para hacerlo.

El ejemplo mencionado de la sanción por decreto presidencial del Ingreso Universal a la Niñez, que conlleva irregularidades tales como la disposición de fondos de fines específicos (el sistema previsional) sin debate parlamentario, la discrecional designación de las categorías de personas que lo recibirán y en qué condiciones, y las incompatibilidades, es muestra de un tema "posmoderno" resuelto según procedimientos premodernos, propios del mundo de los soberanos absolutos, pero que soluciona —aunque en forma limitada o deformada- un problema real y, como tal, es aceptado por la sociedad y por la propia oposición política.

La modernidad inconclusa tiende, entonces, al retroceso institucional permanente. Los problemas sociales —viejos y nuevos, modernos y posmodernos- deben resolverse. Es la justificación última del poder, y el reclamo final de los ciudadanos. Éstos exigen que las urgencias sean resueltas por la vía que sea, dejando las cuestiones metodológicas en la agenda de "segundo piso", como una especie de problemas de los dirigentes, que eclosiona hacia fuera del escenario sólo cuando algún tema se instala en el sistema mediático, lo que puede ocurrir por su repercusión intrínseca, o por la astuta operatoria de algún grupo de interés que con esa instalación persigue algún propósito que puede hasta no estar vinculado con el debate en cuestión y sólo busque desviar la agenda comunicacional de otros temas sensibles. O puede, en el peor de los casos, ser instalado por la eclosión de una crisis, que desnude la irracionalidad de un poder funcionando al margen de las normas y coloque en la escena —y en la agenda coyuntural- la necesidad de su normatización.

La síntesis puede asentarse en dos grandes pilares conceptuales: la conciencia sobre la dinámica del mundo de hoy, y los datos históricos y sociológicos del comportamiento de las personas en su relación con el fenómeno del poder en la Argentina, la manera en que lo perciben y lo conciben, y la vigencia de las formaciones históricas vis a vis con las nuevas emergentes.

Capítulo 8 - **Una política para retomar la marcha**

Los principales interrogantes que los argentinos se hacen al comenzar la segunda década del siglo XXI pertenecen a la agenda moderna. ¿Qué hacer para revertir la decadencia? ¿Cómo frenar el deterioro y recomenzar un camino virtuoso de crecimiento con equidad, de "empoderamiento" de los ciudadanos, de modernización e integración al mundo para aprovechar en forma inteligente la potencialidad de la globalización?

La respuesta a estos interrogantes se encuentra en las recetas de la modernidad. Tanto como que es lo único que la Argentina no probó plenamente en las casi ocho décadas anteriores: volver a funcionar como una sociedad con división de poderes, independencia de la justicia, respeto al derecho de propiedad y reverencia a la vigencia de la ley aplicada a todos por igual –pobres y ricos, ricos y pobres-. En síntesis: con instituciones.

Esa plataforma institucional, que no sería otra cosa que avanzar en el programa de la Constitución de 1853, permitiría ingresar en la modernidad del siglo XXI, integrarse al mundo global aprovechando su potencialidad y recrear las condiciones que hicieron grande a la Argentina cuando lo fue. Ese paso, como veremos, es imprescindible pero no suficiente.

El consenso estratégico asumió en aquel tiempo que el debate debía procesar esa articulación, la forma de optimizar las capacidades del país –como el impulso a la educación popular-, de atenuar los perjuicios que trae todo proceso de cambio a los más débiles –como el proyecto del Código de Trabajo de Joaquín V. González- o de proteger a las personas más necesitadas en las relaciones económicas –como las leyes de arrendamientos de la época yrigoyenista-. A nadie se le ocurrió oponerse al tendido de nuevas líneas de ferrocarril porque afectaba el viejo sistema de postas y carretas, o a la extensión de la red de telégrafos porque dejaba sin trabajo a los antiguos chasquis.

La nueva globalización "siglo XXI", por las razones recorridas en esta obra, curiosamente requiere más decisiones similares a las de fines del siglo XIX y comienzos del XX, con los agregados que sumen contenido social a las formas del estado democrático, asuman la dimensión global de esta época y amplíen los espacios de libertad para la acción de las personas.

El retorno del "individuo", la globalización de la economía, el debilitamiento de los Estados nacionales soberanos y la aparición de nuevos problemas con dimensiones globales originados en los logros de la modernidad, demandan hoy un abordaje cosmopolita en el que el gran desafío es la construcción de una legalidad global mediante la cual la política recupere su capacidad de arbitraje y de encauzamiento a las fuerzas de la economía, los negocios en el borde de la ilicitud, los comportamientos delictivos y la seguridad. Los nuevos riesgos globales demandan completar la agenda moderna en una dimensión planetaria.

Pero en lo interno, la modernización es incompatible con los hábitos políticos desarrollados en las décadas siguientes a 1930, que aún subsisten. La ocupación del territorio político-intelectual por parte del ala autoritaria y chauvinista del paradigma "nacional y popular" es una dificultad cierta en el impulso a un cambio que responda al nuevo paradigma de la modernidad, al chocar con tradiciones fuertemente arraigadas en el pensamiento político mayoritario.

La dificultad aumenta si recordamos la vulnerabilidad del paradigma "nacional y popular" a su cooptación por parte del populismo y de las fuerzas que hemos denominado "retro-progresistas", adueñadas en el pensamiento dominante de la defensa discursiva de los "intereses populares" –a los que, a la postre, condenan a la pobreza y el estancamiento-.

El debate se da en el propio seno de las fuerzas políticas. Dentro del radicalismo, partido de la modernidad con sentido popular por antonomasia, el choque entre los "modelos" es permanente. Sus distritos internos con arraigo en las zonas productoras modernas del interior chocan de hecho con el ideologismo que bordea la afinidad con el populismo, propio del conurbano bonaerense favorecido por el modelo industrialista cerrado impulsado a partir de 1930.

El debate, sin embargo, no es nítido sino que está atravesado por diferentes lealtades personales, épicas regionales, relatos ideológicos y preconceptos gestados durante años que conforman una cultura interna compleja, contradictoria y rica en matices con imbricaciones cruzadas.

La virtual desaparición del radicalismo en los grandes distritos en los que sus conducciones se aferran obsesivamente a los componentes populistas de su identidad –donde es reemplazado por nuevos ensayos que crecen sobre su antigua base electoral- contrasta con la vitalidad que mantiene más allá del "conurbano", donde sus dirigencias expresan con mayor nitidez la agenda sentida por sus votantes. No obstante, la característica de su estructura institucional, que sobrerepresenta en forma grotesca distritos en los que virtualmente no existe como fuerza política lo lleva a dejar en manos de esas visiones la oferta político-ideológica partidaria. La "línea" nacional radical termina actuando como lastre para el radicalismo competitivo de los distritos, donde resiste con suerte diversa el avance de las nuevas ofertas políticas sobre sus bases.

En el peronismo ocurre un fenómeno similar, expresándose en la pugna entre "los gobernadores" y los movimientos obrero y piquetero. Los primeros, demandados por sus bases agropecuarias y su necesidad de gestión, deben resistir la presión de sus compañeros sindicalistas y bonaerenses, donde radica la principal base política de esa fuerza, por los recursos extraídos del interior, configurando incesantes conflictos internos.

Ambas fuerzas se debaten en la búsqueda de sus respectivas síntesis. El desarrollo del país armónico y territorialmente equilibrado es incompatible con la captación permanente de los excedentes agropecuarios para generar clientelismo populista en el conurbano, ya que esa captación impide el desarrollo industrial y de servicios en las zonas productoras reciclando el círculo vicioso de la migración interna y la presión por mayores excedentes para alimentar las ingentes necesidades de una población marginada que puebla el conurbano.

La retroalimentación de un circuito de funcionamiento económico desfasado del desarrollo global encuentra sus límites inexorables en la asfixiada productividad de los sectores dinámicos y modernos de la economía, traduciéndose en la sistemática pérdida de posiciones del país "vis à vis" con el entorno regional y el mundo.

Pero la modernización es también incompatible con la indiferencia hacia la situación social de más de un tercio de la población, la mayoría de la cuál vive en el conurbano y es la "carne de cañón" del clientelismo, del que son rehenes. Esas personas, excluidas de la sociedad formal, sin servicios ni políticas públicas, sin seguridad, educación, salud ni posibilidades de inserción económica estable, son el resultado del fracaso de ocho décadas de estancamiento y decadencia.

Una propuesta virtuosa debe romper el círculo vicioso de los últimos 80 años y abarcar las dos demandas: recuperar la capacidad de crecimiento y construir una sociedad territorial y socialmente integrada. Las opciones políticas que acierten a proponer ese camino integrador serán las dueñas del futuro.

Políticamente, tanto el radicalismo como el peronismo eluden su caracterización como partidos "ideológicos", sino más bien como valiosos instrumentos de integración social, que es justamente una de las urgencias más fuertes del nuevo ciclo.

El verdadero enemigo de una Argentina exitosa es el populismo, entendido como la reproducción atávica de relaciones de poder clientelizadas, vaciadas de contenido reflexivo, que anulan la potencialidad y la libertad de las personas y para el que la creciente autonomía de los ciudadanos es un peligro vital. El populismo empuja el debate hacia los bordes, le quita matices, alienta la polarización ideológica impostada y tiende a concebir a la política como una acción exclusivamente agonal, sin espacio para la construcción de consensos y la acción conjunta.

La concepción autoritaria del ejercicio del poder y la mediatización de las normas convertidas en simples mecanismos opcionales para el ejercicio de la discrecionalidad política son la herencia colonial y prerevolucionaria, arcaica y premoderna, que se proyecta en el siglo XXI tras los perfiles antidemocráticos de varios matices actuales del nacional - populismo y del retro-progresismo.

Esa clase de relaciones existe en diversos ámbitos de la sociedad y la política alcanza a varios sectores políticos y sociales –gremiales, partidarios e incluso empresariales-, pero es claramente predominante en el peronismo y su socio "retroprogresista" que termina justificando con valores prestigiosos una práctica de ejercicio de poder corporativa, tendiente a la polarización y la injusticia.

El menemismo fue una curiosa experiencia en este aspecto. Sus propuestas económicas parecieron alejarlo de las tradicionales visiones autárquicas del peronismo originario y su proyecto parecía guardar una lejana similitud con las primeras épocas del medio siglo exitoso, una especie de "roquismo" adecuado a los tiempos. Sin embargo, careció de un valor fundamental existente en aquellos tiempos, aún de la propia Argentina oligárquica: la priorización de la educación pública, herramienta decisiva para la construcción de ciudadanía consciente, aunque rival irreconciliable con el populismo. Lo que para el roquismo era –al menos, en el plano discursivo- un objetivo previo imprescindible para la democracia plena (la educación popular) para el menemismo ni siquiera figuraba en su agenda.

Aun superando algunos de los antiguos vicios del peronismo histórico, entre los cuales uno no menor fue incorporar la idea del justicialismo como un partido político en competencia con otros y abandonar su autoidentificación excluyente con "la patria", no atinó a desligarse de formas de acción política clientelizadas, corporativas y concentradoras del poder en la figura presidencial.

Fue durante esa etapa que proliferaron los "decretos de necesidad y urgencia", formaciones normativas anómalas que ignoraban los delicados procesos y equilibrios diseñados por los constituyentes para generar las leyes de la sociedad democrática con un gobierno "representativo, republicano y federal". Fue en ese período que comenzó la utilización desmatizada de la "delegación de facultades" del Congreso en el Poder Ejecutivo, prohibidas en forma expresa por la Constitución Nacional –art. 29- pero legalizadas por una Corte Suprema adicta. Nadie renunciaría a ellos (DNU y facultades delegadas), aunque la economía atravesara momentos de fuertes excedentes y lejanos a una crisis. A la distancia y luego de la experiencia kirchnerista, esas deformaciones parecen ingenuidades, pero lo cierto es que abrieron la puerta a la caída.

El ingreso exitoso del país en el mundo globalizado y en red, posmoderno y abierto, es imposible sin la consolidación previa de la modernidad, es decir, del imperio de la ley, los derechos de las personas, la justicia independiente, la plena libertad de prensa, el respeto a los contratos y a la palabra. Sin embargo, esa es la materia pendiente en la Argentina.

El verdadero dilema argentino entrando el siglo XXI no se corresponde entonces con los antiguos "slogans" de posguerra, ni las invocaciones liberadoras de los años 70. Es reconstruir una sociedad democrática a partir de un Estado que respete los tres grandes equilibrios constitucionales (poder-ciudadanos, nación-provincias y división de poderes) o continuar con una sociedad anómica a partir de un Estado autoritario que requiere del populismo para mantener su único vínculo –el electoral- con la formalidad democrática.

Los sujetos sociales de este impulso no se corresponden tampoco con otras etapas históricas. A la disfuminación de los bordes de las "clases" y el crecimiento del protagonismo de las personas escribiendo sus biografías con una crecida liberación de los viejos condicionantes identitarios del mundo "sólido", se agrega el mencionado cambio de paradigma global, que termina privilegiando determinadas actitudes y actividades por sobre otras.

"Semillas de la Argentina exitosa en el mundo global", hemos calificado en otro lugar a estas personas y sectores. Son las que pueden articular su protagonismo local con el nuevo paradigma del mundo globalizado en la producción y el comercio, las inversiones y la tecnología, las finanzas y la defensa, el derecho y la seguridad. El desafío es articularlas en un acuerdo estratégico social y político que debe incluir en su seno a un abanico inclusivo desde las antiguas izquierdas y derechas modernas y abiertas, de convicciones republicanas, a los sectores mencionados y con base en ciudadanos que asuman su condición de tales.

Los avances tecnológicos en las comunicaciones, la interactividad en la red, la masificación de la información, el creciente protagonismo de las personas individuales, la complejidad creciente de la vida posmoderna, el surgimiento de nuevos problemas de carácter universal, son todos elementos imprescindibles de ser considerados para esa construcción.

Los nuevos problemas son globales. Su solución no puede edificarse ignorando su expresión local pero cualquier intento se convierte en impotente si no se encuadra en una visión cosmopolita e imagina una articulación virtuosa con los flujos globales de comercio, inversión, finanzas, tecnologías, culturas e incluso visiones políticas, y si no logra que esa propuesta incluya a todos en sus logros. Algunos de esos problemas configuran nuevos desafíos hacia las políticas públicas, otros organizativos, otros participativos. Todos definen los diferentes órdenes y matices de una nueva construcción política para el siglo XXI.

Cultura o instituciones

Es común escuchar en el debate político argentino señalar causalidades radicadas en la conformación cultural de la población. La "herencia latina", la "indolencia", la "incapacidad para el compromiso" y otros disvalores hirientes son a menudo descriptos como la causa última del fracaso argentino.

Sin embargo, la Argentina tuvo épocas prósperas y exitosas, con la misma cultura, las mismas raíces étnicas y el mismo aporte migratorio, y el entorno regional muestra sociedades exitosas con similares características que la Argentina.

Nuestra tesis es que ello ocurre porque la Argentina no pudo consolidar adecuadamente sus instituciones.

Las instituciones deben responder a los valores subyacentes en la mayoría de la población. En nuestro caso, son el fruto de luchas fundacionales y diseños intelectuales que probaron su eficacia en las ocho décadas que transcurrieron desde la organización constitucional hasta su ruptura, en 1930. Tanto como también probó su ineficacia la debilidad y dilución institucional en las ocho décadas siguientes, desde 1930 hasta la primer década del siglo XXI, período que llevó a la Argentina al dudoso honor de ser el país del mundo con peor desempeño relativo en sus variables básicas, no sólo económicas sino educativas, asistenciales, culturales y políticas.

Sugestivamente, la interrupción abrupta de la democracia en 1930 fue el momento del abandono de la visión cosmopolita y del sofisticado edificio constitucional. La creciente adopción de la visión "telúrica" trajo de la mano al populismo voluntarista, casi siempre autoritario.

Desde esta perspectiva, la Argentina no tiene un problema cultural, sino institucional. El entramado institucional es la forma de incorporar mediaciones que eviten las desmesuras, enmarquen los esfuerzos individuales en forma virtuosa, garantices los marcos de seguridad jurídica, económica, política y personal y encaucen los debates maduros hacia la definición de los rumbos comunes.

Pero no sólo es eso: el marco de instituciones sólidas habilita la potencialidad creadora de los ciudadanos, que no deben dedicar sus preocupaciones y alertas a preservarse de un entorno hostil y aún imprevisible, sino que, descansando en la seguridad que le da el sistema normativo, jurídico y político, pueden volcar toda su iniciativa a la creación, al trabajo, a la inversión, a la educación, a la capacitación, a la realización personal.

La suma del accionar virtuoso de los ciudadanos logrará el bien del conjunto, quedando a la responsabilidad pública la edificación del "piso de ciudadanía" para cumplir con las obligaciones éticas que la evolución de las ideas, a comienzos del tercer milenio, ha consagrado pacíficamente como un derecho universal de los seres humanos en el marco de la aceptación cosmopolita de los "derechos humanos".

La ausencia normativa o "anomia" y la inexistencia de instituciones favorecen la concepción organicista premoderna del populismo, ante la necesidad de recurrir a la adhesión personal o caudillista como forma de lograr el disciplinamiento social. Económicamente puede favorecer alguna eventual y coyuntural "redistribución" de ingresos, muy posiblemente viciosa, de corto alcance e inexorable frustración. Lo que jamás alentará es el crecimiento y mucho menos el desarrollo en el marco del mundo crecientemente globalizado.

Sería éste el momento de reconocer que el debate político desde la recuperación de la democracia, salvo el obsesivo mensaje de Alfonsín, no acentuó debidamente la importancia de lo institucional. Los temas en cuestión se centraron más en los contenidos materiales de las políticas, que en las formas. Discutimos las ramas antes que la raíz.

En el último proceso de recuperación democrática, el apego al entramado institucional que había irrumpido en la política argentina montado en la ola anti-dictatorial fue difumándose hasta llegar a asumirse como la expresión de una nostalgiosa formalidad, casi confundida con el perverso "neo-liberalismo", convertido poco menos que en el "anti-Cristo" de la nueva inquisición del pensamiento único. El hecho inusual que la democracia y la propia libertad no figuren siquiera mencionadas en los discursos presidenciales a partir de la crisis del 2002 es una triste demostración de esta tendencia.

Nuevas realidades y nuevos conflictos demandan también nuevas instituciones. La tarea de crearlas fue abandonada, cediendo al instinto primario de la concentración del poder sin reflexión colectiva. El incremento de la desocupación estructural, la cantidad de excluidos –principalmente jóvenes-, el deterioro institucional de la seguridad social, el desbarranque de la calidad educativa, la destrucción de instituciones decisivas para consolidar la estabilidad económica en favor de la concentración del poder discrecional, han sido pasos en dirección al creciente deterioro de la convivencia.

De la mano de este deterioro, la Argentina desperdició una de las etapas más ventajosas de su historia, dormida en un esquema de poder en el que el aprovechamiento de esas ventajas sirvió para reconstruir en plenitud el viejo edificio populista, con lo peor de sus vicios.

Corrupción ramplona, vaciamiento parlamentario, discrecionalidad en el uso de las finanzas públicas utilizadas para enriquecimiento personal, construcción de clientelismo e instrumento de subordinación política, debate público raquitizado ante la admonitoria palabra presidencial, fueron las características más salientes del período, "vestidas" con el prestigio de la vieja izquierda esclerosada que, una vez más, creyó en el atajo de la cooptación del peronismo sin advertir que el proceso fue inverso.

En efecto, el resultado fue la pérdida de lo mejor de la izquierda –el debate, la tolerancia, los derechos de las personas, la libertad sindical, el combate a la pobreza sin la humillación de la clientelización, la honestidad- y la adopción de lo peor del populismo –la prepotencia, la verticalidad, la ausencia de debate, las patotas fascistoides, la intolerancia, la disminución de los espacios democráticos-, la corrupción. La izquierda moderna y protagonista del diseño del nuevo mundo global, la de Lula y Bachelet, la de Felipe González, Ricardo Lagos, José Mujica, Tabaré Vázquez y el propio Rodríguez Zapatero, difícilmente aceptaría como actitudes naturales las violaciones de la ley, obscenos comportamientos antidemocráticos, la destrucción del poder institucional ni, mucho menos, la alegre justificación de la corrupción o la inmoralidad.

Luego del "default" del 2002, el rebote era una opción casi natural luego de aliviar a la economía coyunturalmente del enorme peso cotidiano de la deuda externa. La imprescindible reconstrucción del entramado del poder, una exigencia social rayana en la propia supervivencia, se realizó sin embargo al margen de la calidad institucional, desperdiciando un momento extremadamente favorable. El bicentenario argentino, al que hubiera podido llegarse con la potencialidad de Canadá o Australia luego de una década de excelentes condiciones económicas globales, encontró al país compitiendo en las estadísticas por los últimos puestos con Venezuela, tanto en inflación como en calidad educativa, en autoritarismo como en pérdida de libertad de expresión, en deterioro institucional y en el raquitismo maniqueo del debate público.

El congelamiento del debate intelectual sacó a la superficie lo más retrasado y dogmático de la política, tal cual es usual que ocurra cuando el escenario público pierde la riqueza de sus matices. La plaza pública devino en tolerante como pocas veces a los caprichos y latrocinios del poder.

Este proceso no es la demostración de una cultura perversa, sino el resultado de la ausencia del entramado institucional en las formas y en la obsesión dirigencial por introducir en los debates de fondo, en forma equivocada, la división por identidades ideológicas desvinculadas del verdadero problema argentino: el institucional. Nuevamente: discutir las ramas antes que las raíces.

La sociedad argentina profunda, en cambio, tiende a "arracimarse" en dos grandes bloques socio-culturales, aunque con impregnaciones recíprocas y bordes difusos. Uno organicista, que en ocasiones desborda hacia actitudes autoritarias, y otro más institucional, visceralmente convencido que el respeto a la ley es el mejor camino para construir igualdad, ciudadanía y dignidad.

Ambos tienen "izquierdas" y "derechas", pero mientras en el primero las visiones ideológicas no le han imposibilitado conformar proyectos de poder, en el segundo sus matices suelen impedírselo. No obstante, la historia ha demostrado que cualquiera de ambos bloques puede ser la base para la formación de una mayoría electoral.

Un recorrido a las expresiones de la opinión pública a partir de 1983 nos muestra que las opciones populistas, cuando triunfaron, lo fue por la fragmentación del torrente democrático republicano. Y, por el contrario, cuando el torrente democrático republicano logró articular ofertas electorales aceptablemente articuladas expresa o tácitamente, fue acompañado mayoritariamente por la ciudadanía.

Pero también el mismo recorrido nos muestra que, una vez en el poder, ese conglomerado democrático republicano cedió a la tensión de sus identidades agonales, olvidando su rol reconstructor, su responsabilidad en cumplir definitivamente el programa modernizador, y la importancia para su éxito y su propia supervivencia de un comportamiento en el que la búsqueda y generación de consensos sea una acción cotidiana. Así ocurrió en 1989 y así ocurrió en 2001. Y fue su error fatal.

En ambos casos y en situaciones diferentes no tuvo capacidad para mantener la unidad de acción ante situaciones económicas críticas insistiendo en la convocatoria a sólidas políticas de estado, lo que terminó abriendo las puertas al populismo —de seudo derecha en un caso, de seudo izquierda en el otro-. En ambos casos aunque en grados diferentes, la víctima fue el entramado institucional, los derechos de los ciudadanos, el vaciamiento del Congreso y del debate político, el debilitamiento del edificio institucional y —en suma- el regreso a la pre-modernidad.

La "contradicción fundamental", si existiera una realidad que aceptara esa conceptualización a comienzos del siglo XXI, es populismo voluntarista o democracia responsable. En términos políticos, resolver el dilema de crear clientelismo, o crear ciudadanía. En términos de visión histórica, es democracia republicana moderna y participativa u organicismo populista.

Esta lectura se enraíza en la realidad. Un productor agropecuario no puede crecer ni reinvertir desatando el proceso virtuoso del desarrollo si le incautan por una decisión discrecional el 35 % de su ingreso bruto, que puede llegar a significar hasta el 100 % de su rentabilidad.

Un industrial no puede planificar un proyecto de inversión que requiere tiempo de maduración e integrar su actividad con cadenas productivas globales si no tiene seguridad de estabilidad impositiva, aduanera y cambiaria y debe pagar imprevisibles comisiones ilegales a funcionarios públicos que deben autorizar diferentes trámites.

Un trabajador no siente estímulo por su capacitación permanente si sus derechos y aún la salud de su familia no dependen de la ley, sino de su subordinación a una burocracia sindical venal.

Un emprendedor no puede endeudarse para financiar su empresa o integrarla como etapa en la cadena de valor de una red productiva global, si su entorno legal, aduanero, impositivo y laboral no le garantiza estabilidad de reglas de juego ante las sorpresivas ocurrencias del poder.

Un desocupado no sentirá el estímulo de mejorar su condición convirtiéndose en pequeño emprendedor si ello conlleva el castigo de perder el único ingreso seguro que está alimentando su grupo familiar con un "plan" clientelar. En todos estos casos, la ausencia de la seguridad relativa que otorgan las instituciones los induce a actitudes defensivas individuales, buscando el "resguardo" de sus ingresos por cualquier capricho "político". No es casual que en los últimos cuarenta años el cálculo de ingresos producidos por la economía que se han retirado del circuito alcance al equivalente a un PBI –alrededor de 400.000 millones de dólares-.

Pero no todo es economía. Un policía –oficial, suboficial o agente- no se esmerará en la lucha contra las redes de narcotráfico y ni siquiera contra el delito menor, si su accionar depende de una red delictiva de la que sus propios jefes pueden estar formando parte, junto al dirigente político, al fiscal y al juez del lugar.

Y un docente no podrá ejercer su vocación si no tiene confianza en que sus méritos serán suficientes para el ascenso o reconocidos a través del salario, sin necesidad de un favor político.

No sólo mirando al escenario local se llega a esta conclusión. También observando el funcionamiento del mundo. Sin un marco normativo homologable, sin estado de derecho y sin instituciones sólidas, es virtualmente imposible incorporar la economía a los circuitos de inversión, finanzas, investigación, comercio y tecnologías que marcan el ritmo de la expansión en esta etapa de condiciones globalizantes de desarrollo, que ha asumido ya la característica de un nuevo paradigma productivo irreversible. Salvo un solo atajo: liquidar los recursos naturales agotables, como lo hace Venezuela, Arabia Saudita o Libia.

El ejemplo está cerca: basta con observar cómo atravesaron la crisis de cambio de siglo los países de la región para observar que el "modelo argentino" fue el más ineficaz, y por el contrario, el camino seguido por Chile le permitió el mayor salto cualitativo y cuantitativo de la vecindad y a Brasil llegar al umbral de la élite de la gobernabilidad planetaria.

Sin estado de derecho no hay posibilidad de enganchar el vagón nacional al tren del desarrollo mundial.

Al contrario, con un sistema democrático homologable funcionando en plenitud, las potencialidades nacionales son gigantescas, tanto por la sofisticación de su estructura social, su permeabilidad a las novedades, la capacidad de adaptación en razón de una aceptable base educativa y en general las ventajas que tradicionalmente se han considerado bases potenciales del crecimiento.

Sólo que, sin un marco legal, en lugar de liberar esa potencialidad productiva de los ciudadanos, se los condiciona a permanecer en guardia permanente ante la posible expropiación de recursos y capital por uno u otro capricho del poder, autoatribuido de facultades supraconstitucionales sin límite.

Institucionalizar el país no es, entonces, una nostalgia de viejos profesores de derecho constitucional, sino la condición de hierro para que los argentinos puedan recuperar su libertad y la seguridad que le pueda brindar el estado de derecho y en consecuencia, liberen su potencialidad creadora. En su trabajo, en su educación, en su salud, en su desplazamiento, en su capital, en sus inversiones y hasta en su posibilidad de seguir vivo.

Ante la nueva y curiosa vuelta de la historia hacia un espacio planetario en formación, global y cosmopolita, las normas constitucionales de un siglo y medio de antigüedad adquieren más actualidad que nunca.

Pocas veces como hoy en la historia nacional el programa del Preámbulo ha estado tan alineado con las demandas del país en crecimiento y de las características de la sociedad mundial en construcción.

Quizás, como última reflexión, quepa mencionar que estos dos grandes bloques político-culturales que animan la historia argentina no mantienen posiciones recíprocamente irreductibles de cara a la agenda cotidiana. De hecho sus objetivos coyunturales confluyen en muchos campos, como que ambos responden a un todo mayor que Gramsci gustaba recordar como la "unidad de lo social". Sus disputas por el poder no implican que sus visiones sean diferentes en todos los campos, sino que el mecanismo de participación de los ciudadanos en el poder, sus espacios de debate y toma de decisiones, sus prioridades en lo que hace a los espacios de libertad ciudadana y su concepción de lo político-social parten de bases diferentes y compiten, en última instancia, por obtener el respaldo de los ciudadanos para legitimar su representación.

Un acuerdo social amplio, de características neo-constituyentes

Las tendencias populistas han estado presente en toda la historia, como se puede observar releyendo el primer cuento argentino, "El matadero", de Esteban Echeverría, y apreciando las similitudes de las patotas sindicales, de grupos de violentos clientelizados del cinturón bonaerense e incluso hasta con barras bravas de equipos de fútbol, casi siempre integrados por las mismas personas, con el razonamiento del carnicero "Matasiete" y el Juez del Matadero asesinando por diversión al joven unitario del relato echeverrino.

Son el "grupo de choque" de una forma de entender la política heredera de los viejos malones y mazorcas, patrimonialista y prebendaria. No se construirá con ellos nada estable. Forman el ala más retrasada y arcaica de la oferta populista.

Pero tampoco puede confundirse esta deformación primitiva y atávica de dominación populista con los argentinos que sufren su consecuencia, la humillante situación de dominio, y ni siquiera con el "populismo institucional", que aunque integre el mismo bloque con el populismo autoritario mantiene una línea de vinculación –aunque sólo sea electoral- con la justificación democrática del poder.

Las fuerzas modernizadoras deben delinear proyectos de inclusión que les aseguren a todos el piso de dignidad sin dependencia, incrementando su autonomía, y deben coexistir en el debate con ese populismo institucional. Lo que no deben hacer es renunciar al debate transparente, a la mimetización con el clientelismo en la ilusión de una ventaja electoral de corto plazo, a la exhibición clara de las diferentes concepciones sobre el poder, ni a mostrar en cada momento la diferencia sustancial entre clientelismo y ciudadanía.

No se trata, entonces, sólo de liberar las gigantescas fuerzas productivas de la Argentina potencialmente exitosa, sino de imaginar espacios de realización para quienes han sufrido la exclusión y han sido utilizados como carne de cañón de la "corporación de la decadencia".

Un país moderno, pujante, democrático, abierto y dinámico no puede desentenderse del equilibrio social, de los servicios públicos de acceso universal, de la salud y la educación de excelencia con independencia del nivel social, de la infraestructura básica de vivienda, agua potable, cloacas, electricidad, comunicaciones e Internet, de la capacitación para el empleo y el autoempleo e incluso de avanzar en la instauración del ingreso universal, abriendo los rumbos de la sociedad estable de la segunda modernidad.

El diseño de una política económica adecuada a las potencialidades del mundo no es tan complicado intelectualmente como el diseño de una política social inclusiva que evite las durezas burocráticas, la utilización partidaria, la tentación populista de reemplazar una subordinación por otra. En este sentido, el papel del radicalismo, como fuerza de integración política y social de base democrática, es fundamental.

El "tercer sector", por su parte, sin sectarismos y con amplitud, se ha convertido en protagonista central de estos esfuerzos. Los "frentes de masas" de la política en viejo mundo sólido –gremios, centros de estudiantes, colegios profesionales- se presentan ahora también en el mar de lo social en toda su potencialidad, y allí debe hacerse presente el esfuerzo solidario y militante de una fuerza política moderna y transformadora.

El objetivo debe estar absolutamente claro: mejora social para incrementar la autonomía de las personas y contribuir a la construcción integral de ciudadanía. Hombres y mujeres políticamente "libres e iguales" son la base para la construcción de una sociedad más equitativa.

Sería ingenuo suponer que en este proceso no habrá resistencias. Partirán de los beneficiarios de las formas actuales de clientelismo, de ubicación difusa pero centralmente expresados en la estructura peronista –aunque no sólo peronista- del conurbano. Sede de mafias, corrupción y bandas de narcotráfico, contrabando y delito, tienen una compleja red de complicidades que alcanzan a escalones "glo-cales". Su capacidad de mimetización con el poder es grande y su potencialidad para entronizar e incluso ayudar a voltear gobiernos han sido vistas en el pasado reciente.

La única forma de encarrilar estas deformaciones políticas es construyendo un gran acuerdo social de amplio espectro y sólida visión democrática republicana, que debe incluir a todo el arco político constitucional. No pueden estar ausentes ni la izquierda ni la derecha modernas y plurales, ni los gremios con vocación democrática ni los productores, comerciantes, emprendedores y empresarios con visión transformadora, ni los ciudadanos comunes anhelantes de una sociedad libre.

La construcción de ese gran acuerdo social –que no significa necesariamente "electoral" sino de conducta política- debe partir de las expresiones políticas de mayor representación social, que deben estar dispuestas a acordar un esfuerzo común con los sectores peronistas de convicciones democráticas republicanas, cuya lucha permanente contra la visión extrema y grotesca del populismo debe ser reconocida.

El programa de ese acuerdo no puede demandar renuncias a las visiones de largo plazo de sus protagonistas. Los acuerdos, propios de la política moderna, se dan entre quienes piensan diferente pero son capaces de detectar y sumar esfuerzos en tareas circunstancialmente comunes. Sí deben estar claras sus metas en la etapa, que pueden ubicarse todas en el respeto sacralizado a las reglas de juego de la Constitución Nacional.

Esa etapa debe ser de reconstrucción institucional, recuperación del diálogo y búsqueda de articulación de consensos nacionales estratégicos básicos. El método propuesto por Beck, de unir esfuerzos diversos frente a los riesgos presentes, ayudará a un nuevo "ethos".

Populismo no es socialismo

A lo largo de estas páginas ha estado presente el cuestionamiento permanente al populismo. El término es polivalente y puede resultar ambiguo por las diferentes aproximaciones que hacen sobre él diferentes autores.

En el contexto de este trabajo debe entenderse como el conjunto de políticas que son decididas y aplicadas sin la observancia estricta del orden constitucional, con la finalidad de lograr adhesiones clientelizadas por parte de personas que son privadas de su autonomía de decisión al ser inducidas a canjear apoyos políticos por beneficios de diferente clase, obtenidos mediante la canalización de bienes públicos en forma discrecional por las dirigencias políticas, y eventualmente castigadas con la privación de algunos de esos beneficios en caso de no responder a la convocatoria electoral o movilizadora del jefe territorial, gremial o político. En síntesis: utilizar las necesidades de la pobreza en beneficio de la acumulación de poder.

Va de suyo que este cuestionamiento conlleva la necesidad de garantizar un ingreso mínimo universal que establezca un piso de ciudadanía a las personas de pocos o ningún ingreso. Esa ciudadanía sólo puede ejercerse con autonomía, y la pobreza extrema es el sinónimo de la mayor falta de autonomía imaginable. Por esta razón ese ingreso mínimo universal debe surgir de la ley, garantizado por el orden democrático sin subordinación ni obligación partidaria o sectorial, como un derecho directo entre la persona y el marco normativo. No puede tener como contrapartida la renuncia a su dignidad, a su libertad de decisión y a su condición de ciudadanía.

Populismo no es lo mismo que socialismo. Este último, subproducto potente de la modernidad, supone en su visión ortodoxa la creciente socialización de los medios de producción. En ese proceso, la "plusvalía", riqueza que —en la cosmogonía marxista- el trabajador genera para el capitalista, es limitada por leyes sociales, salariales e impositivas originadas muchas veces en reclamos socialistas en el marco del estado de derecho, apoyado en la soberanía popular.

De esta forma, la naturaleza "expoliadora" del capitalista vuelve a revertirse hacia quienes generan esa riqueza con su trabajo. Es el mecanismo virtuoso de las sociedades democráticas desarrolladas, aceptado por las propias visiones empresarias modernas y que en la Argentina fue caracterizado por el radicalismo hace varias décadas como "democracia social" y en Europa como "socialdemocracia".

El socialismo, como propuesta moderna, tiende a reformas que hagan más equitativa la vida en común, sin dogmatismos.

El populismo, por el contrario, no asume la responsabilidad de generar riqueza, sino que recurre a la más directa forma ancestral de la lisa y llana apropiación. No es moderno, es pre-moderno. No le interesa crear bienes y servicios, sino apropiarse de los que crean otros.

La ética del socialismo es la libertad y la justicia. La ética del populismo es la del relativismo moral y el patrimonialismo. Los socialistas son revolucionarios, y en tanto tales, reivindican el dialéctico avance de la humanidad, en escalones sucesivos, hacia un mundo más perfecto. Los populistas son esencialmente rapaces, y no reivindican ningún avance social coherente que trascienda el momento. Los socialistas apoyan su construcción teórica en el trabajo creador, acción suprema de la dignidad humana. Los populistas, en su rapiña para financiar el ocio, la conformación de fuerzas de choque o la construcción de un poder clientelar sin virtudes democráticas.

El capitalismo y el socialismo conviven en la modernidad, que les provee de instrumentos de mediación para procesar sus conflictos y acordar equilibrios transitorios. Ambos fueron protagonistas de la Ilustración, se sienten tributarios de las revoluciones emancipadoras y se ubican en las corrientes modernizadoras. El populismo, por el contrario, odia a la modernidad, a la limitación al puro poder que implica respetar las leyes, la igualdad de todos ante el orden jurídico, la división de los poderes, la libertad de expresión, de conciencia y de prensa, y la opinión diferente. No se contacta ni con el socialismo ni con el capitalismo. Y no tolera el debate ni la horizontalidad del poder democrático.

La modernidad no admite faltarle el respeto al ciudadano, que es su creación intelectual y su razón de ser. Mentir desde el poder es uno de los delitos públicos más condenables. Para el populismo, el ciudadano es una entelequia molesta para lograr su cometido, una creación extranjerizante que con gusto desterraría hasta del lenguaje. Mentir desde el poder es indiferente, si ayuda a su perpetuación.

El socialismo, por último, tiene como meta suprema la construcción de la ciudadanía. El populismo, por definición y esencia, construir clientelismo.

Similar reflexión cabe para el liberalismo.

Si en los años kirchneristas el populismo ha tendido a confundirse con el pensamiento "progresista", en la última década del siglo XX había protagonizado una mascarada exactamente inversa: mimetizar su discurso con la propuesta del liberalismo.

Sin embargo, su esencia tampoco cambió, y la aplicación de las políticas privatizadoras no fue obstáculo para que la mencionada característica del populismo de pasar por encima de los marcos normativos comenzara la destrucción del sistema institucional que culminarían los años "K". Así como el kirchnerismo logró arrastrar tras sí al tradicional "entrismo" de grupos de "izquierda", el menemismo había logrado lo propio con el novedoso "entrismo" de tradicionales dirigentes de la "derecha". Recordemos que ambas etiquetas son utilizadas en este lugar al sólo efecto referencial, ya que ni unos ni otros serían calificados como tales en la política moderna occidental. Forster, González o D'Elía tienen tan poca similitud con Ricardo Lagos, Lula o Bachelet, como Adelina D'Alessio de Viola o María Julia Alsogaray la hubieran tenido con Chirac, Aznar o Sanguinetti.

Fue en esa década, en efecto, que comenzaron a aplicarse los "decretos de necesidad y urgencia" de contenido legislativo por la sola decisión del presidente de la República, la manipulación de los recursos del Estado Nacional para disciplinar a las jurisdicciones provinciales a través de los "Adelantos del tesoro nacional" decididos por fuera del debate parlamentario, la conformación amañada de la Corte Suprema de Justicia a fin de contar con un Poder Judicial que no significara obstáculo a la aplicación de leyes de dudosa constitucionalidad, el vaciamiento del debate político mediante la instalación de la farándula como protagonista central de la atención pública y el olvido de una obligación central de la visión liberal sobre la economía, que es la función de guardián anti-monopólico del Estado a fin de garantizar la autonomía, información y libertad del consumidor.

El reemplazo de las corruptas y carcomidas empresas estatales por empresas privadas de servicios públicos se realizó sin un adecuado marco de regulación y control, lo que significó un encarecimiento de los servicios sin garantías para los usuarios de control de calidad y precios adecuados a raíz del dominio monopólico concedido. El descuido de la educación pública y de los servicios de salud prestados por el Estado, por su parte, olvidaron otro de los postulados esenciales del liberalismo moderno, cual es la garantía de igualdad de oportunidades para todos los ciudadanos a través de la construcción del piso de ciudadanía.

Al igual que el socialismo, el liberalismo tiene como utopía la construcción ciudadana, la creciente autonomía de las personas. El populismo, su destrucción y reemplazo por la humillación del clientelismo.

Socialismo y liberalismo ¿son antinómicos?

Dicho lo expresado en los párrafos anteriores, queda afirmar que de cara a las tareas principales del escenario argentino a comienzos del siglo XXI, socialismo y liberalismo no son antinómicos sino que deben enriquecer el campo democrático y republicano con una lucha conjunta para la recuperación del estado de derecho y el ingreso definitivo a la modernización.

El socialismo y el liberalismo no sólo tienen la misma raíz cultural e ideológica en la historia de las ideas, y hasta han dado juntos batallas políticas por similares objetivos en la política argentina –como las iniciativas obreristas de comienzos de siglo, la prédica por la economía abierta de Juan B. Justo y Pinedo, y hasta la lucha por las libertades públicas en el primer período peronista- sino que se apoyan ambos en la herencia de la ilustración que cree en el ciudadano y su libertad como base del edificio político institucional.

Las diferencias de objetivos finales no marcan obstáculo alguno para dar en conjunto los pasos iniciales, junto a las demás formaciones políticas democráticas. La recuperación de la vigencia institucional, los derechos ciudadanos, la erradicación del clientelismo, la sanción de la ley constitucional de coparticipación federal de impuestos, la independencia real de la justicia, la erradicación de la corrupción administrativa y política, son banderas inherentes a liberales y socialistas, como herederos de la formidable revolución de la ilustración, presente en nuestra historia desde los inicios de la gesta revolucionaria de Mayo y consagradas en la Constitución Nacional.

Ambas viejas vertientes ideológicas –liberales y socialistas- confluyen, por último, en la edificación conceptual de una de las fuerzas políticas más identificadas con el proyecto de la modernidad en la Argentina: la Unión Cívica Radical. Inspirado en su origen en las fuentes democráticas liberal-federalista norteamericanas –Leandro Alem, su fundador, era un seguidor de las tesis de Hamilton ("El Federalista") y Alexis de Tocqueville ("La democracia en América")-, recibió en el cambio de siglo XIX-XX el aporte liberal-idealista del krausismo en su versión española adoptado por Yrigoyen, para enriquecerse con las vertientes de las nuevas concepciones de la democracia social.

Raúl Alfonsín, quien lideró la última etapa de recuperación democrática, afirmó en este sentido "Los radicales somos como los viejos liberales y los viejos socialistas". En su lucha por una sociedad integrada y libre, absorbieron de los primeros la defensa de los derechos de las personas frente al poder y un funcionamiento republicano del Estado y la política; de los segundos, su profundo sentido social, comprometiéndose con el mejoramiento de la situación de los más necesitados, que en el mero juego libre de la economía no encontrarían solución para la liberación de su pobreza, lo que luego se conceptualizaría como "construcción de ciudadanía". Y entendieron a ambas "utopías" como intrínsecas en el movimiento emancipador que dio origen a la Nación en las jornadas de mayo de 1810, del que se pronunciaron herederos.

Sólo sobre la plena vigencia de las "libertades negativas" –las que defienden a las personas frente a los avances del Estado- pueden desarrollarse las "libertades positivas", o sea las que promueven la igualdad de oportunidades para una mejor liberación de la condición humana.

Pero tal vez la necesidad mayor de esta confluencia es levantar una barrera de modernidad frente a la verdadera confluencia rival que ata el país al pasado: la que suelen mantener el populismo con el neo-liberalismo, cruda elaboración teórica contemporánea de las grandes corporaciones, que en realidad bien podría denominarse con la misma propiedad "neo-estatismo", ya que, en efecto, tiene tan –o tan poca- relación con los principios liberales como con los de la democracia social o el socialismo.

Las grandes corporaciones en su actual conformación son un fenómeno propio del mundo global. Tienen un obvio parentesco con los viejos "monopolios", pero son más bien característica del nuevo paradigma económico apoyado en los mercados abiertos, el encadenamiento productivo mundial, el libre desplazamiento de los capitales en tiempo real, la revolución tecnológica y el desarrollo de las comunicaciones.

Aportan el grueso de los bienes y servicios que ha permitido a la humanidad acceder a un nivel de crecimiento y prosperidad más grande de la historia, pero a la vez tienen la obvia tendencia a maximizar ganancias, concentrar poder y superar cualquier obstáculo a estos fines. Son tan necesarias para el mundo moderno como el propio poder, al ser el vehículo de la globalización y la posibilidad de progreso. Y son tan peligrosas como los viejos monopolios si no existe un marco jurídico y una política global fuerte que las contenga, fije sus límites y oriente su desarrollo. Volveremos sobre el tema.

Ante la ausencia –que celebran- de ese poder global, coexisten con aparatos estatales fragmentados, débiles, endeudados y en ocasiones con sistemas políticos sin conciencia de los mecanismos del nuevo paradigma. Resisten las regulaciones, reclaman la liberalización absoluta de los mercados, principalmente los financieros, defienden la utilización insostenible de los recursos naturales, recelan de las políticas ambientales, resisten el cambio del paradigma energético hacia fuentes renovables y exaltan la sobreexplotación de los hidrocarburos, aún al gran costo que exigen las nuevas tecnologías.

Al igual que sus ancestros, desarrollan un plexo conceptual ante el cual la política no ha desarrollado adecuadas prevenciones, y mucho menos la política populista. Su espacio es el secreto, su justificación es la imbricación público-privada con amplios capítulos inaccesibles al gran público, y su potencialidad es la hegemonía en un escalón dirigencial que suelen intercambiar con la política, apoyadas en un prestigio impostado logrado en prestigiosas universidades, que suelen financiar.

Las grandes corporaciones son necesarias para el nuevo paradigma, como los monopolios lo eran para el anterior. Han sido los principales motores –y sin dudas, las puntas de lanzas- de la globalización. Pero sus peligros requieren una transparencia que sólo pueden brindar instituciones sólidas, una política consciente y competitiva, una prensa absolutamente libre que potencie el poder de los ciudadanos, la creciente interactividad de las personas en las redes y una justicia independiente de las presiones políticas y económicas, en síntesis: una política democrática y moderna.

Capítulo 9 - **Construcción alternativa para la democracia consciente**

Frente a la hegemonía cultural del populismo en la Argentina, el desafío de los ciudadanos democráticos - republicanos es construir una alternativa para sostener políticamente una práctica democrática consciente, en la que deben participar todos quienes decidan aportar su esfuerzo para lograr los objetivos de recuperar el estado de derecho y la vigencia constitucional.

El nuevo escenario global se desliza hacia la posmodernidad. Ello implica superar las antiguas construcciones ideológicas, lo que no significa renunciar a los valores que subyacen en ellas sino someter a una crítica reflexiva el enfoque de las consecuencias no deseadas del éxito de la modernidad.

Esta "modernidad de las secuelas" exigirá abordar el deterioro ambiental y el agotamiento de los recursos naturales producidos por el industrialismo (exitoso, en cuanto incorporó a la economía formal y sacó de la pobreza a centenares de millones de personas); la crisis de los sistemas de pensiones (exitosos, en cuanto por primera vez en la historia humana previó un futuro medianamente digno para quienes abandonan la edad activa); la disminución inexorable del trabajo formal (éxito del desarrollo científico y técnico modernos); la violencia terrorista (resultado no querido del éxito de las sociedades capitalistas desarrolladas, construyendo su prosperidad sobre la explotación de recursos naturales de ex-colonias gobernados por oligarquías autoritarias); y muchas otras secuelas económicas, ambientales y de seguridad del mundo "de riesgo".

Para el nuevo abordaje, será necesario reformular ciertas construcciones institucionales de la modernidad que han llegado al límite de sus posibilidades, como única forma de preservar e incluso potenciar los valores que la identifican, que son los permanentes: la libertad, el estado de derecho, la expansión del concepto de ciudadanía, el progreso económico y social, la construcción de pisos de dignidad humana que incluye garantizar similares puntos de partida en salud, educación, vivienda y calidad de vida.

Son los desafíos a problemas generados por el éxito del mundo moderno como "secuelas no buscadas": el deterioro ambiental, la violencia con complicidades "glo-cales", la disminución del trabajo estable, el terrorismo internacional, la necesidad de nuevas fuentes energéticas primarias renovables, las políticas de género y políticas direccionadas a la protección de las minorías, etc.

Será necesario imaginar y construir nuevas instituciones de reemplazo, orientadas a resolver los nuevos problemas pero comprensivas de los nuevos límites. Y potenciar al máximo posible la condición de ciudadanía de las personas.

Esa construcción debe realizarse en clave cosmopolita, entendiendo que no existe forma de resolverlos con medidas de alcance sólo local o nacional y que el cosmopolitismo de hecho forma parte de la vida cotidiana a través de los productos consumidos, de la cultura global, de las acciones ciudadanas en el tercer sector, del movimiento de las finanzas y las inversiones, del destino de productos intermedios o finales cuyos mercados son globales y hasta de solidaridades, simpatías u odios a distancia por circunstancias alejadas de los intereses directos de las personas propios de la primer modernidad, pero que conmueven su sentimientos y hasta desatan sus acciones políticas.

No otra cosa fueron, por ejemplo, las manifestaciones populares por temas que no afectaban directamente a sus protagonistas, como contra la guerra de Irak, en las que participaron ciudadanos de todo el mundo condenando la violencia y las decisiones bélicas como opción, o las campañas contra la superexplotación de recursos minerales, o contra la extinción de especies en peligro, impulsadas por organizaciones no gubernamentales de implantación global.

Nuevas formas de acción ciudadana, paralelas a las tradicionales acciones institucionales de la política realizadas por los partidos, se expanden sobre la interactividad posibilitada por las redes sociales. Iniciativas de toda clase, puntuales o generales, son desatadas por simples ciudadanos en cualquier lugar del mundo, logrando el apoyo de múltiples interesados y en muchos casos obteniendo resultados exitosos. Movilizaciones gigantescas y autoorganizadas, paralelas también a las acciones partarias, ocupan calles de diversos países con reclamos generales de disconformidad y búsqueda de inclusión, participación y cambio.

Ni el programa moderno ni la agenda posmoderna son compatibles con las arcaicas formas populistas. Pero tampoco sin crear marcos de diálogo respetuoso entre las diferentes visiones, que llevarán en muchos casos a alianzas coyunturales tras objetivos compartidos, aún entre viejos rivales. Volviendo a Beck, en su potente concepto que se encontrará citado varias veces en esta obra: la segunda modernidad trae consigo "el fin de lo obvio", con su consecuencia directa: la posibilidad de empezar de nuevo.

Oposición, entonces, muy clara, al populismo y a la práctica clientelar. Son el nuevo peligro de la democracia e impiden el crecimiento. Y confluencia para recuperar la vigencia constitucional plena, con todos quienes sinceramente crean en la necesidad de culminar esa etapa nacional. Lograr esa tarea significará más de la mitad del camino de un proyecto para una generación.

Pasadas tres décadas del fin de la dictadura, quizás sea bueno recordar un concepto que ha llegado a ausentarse del léxico político, simplemente por darlo por supuesto: la unidad de lo social, y en nuestro caso la conciencia de pertenecer al mismo colectivo de "los argentinos". Esa unidad del cuerpo nacional —que Gramsci rescataba como necesario porque es el hilo conductor de la cultura, la historia, el sentido de pertenencia, e incluso el colectivo de realización de los cambios de una sociedad hacia una organización más justa- no sólo da sentido y califica el rol de la hegemonía cultural, sino que reafirma, en línea con el tradicional postulado marxista de la "unidad de los contrarios", la convivencia superior de miradas diferentes, tolerando y decidiendo en el juego de la política el camino a tomar. Sellar de una vez por todas la unidad esencial de la sociedad tolerando la convivencia aún con quienes se discrepa en los extremos es el requisito para que la política funcione. Y la democracia, construyendo ciudadanía, es la llave para lograrlo.

A partir de allí, sentido común y modernidad reflexiva para acordar un programa de concreciones en los temas centrales: energía, ambiente, infraestructura —en transportes, comunicaciones, agua potable, servicios públicos igualitarios- en todo el territorio nacional, ocupación del territorio, inserción internacional.

En todos esos temas es posible encontrar consensos por etapas que pasan por encima de las viejas identidades de la primera modernidad y enfoques similares originados en antiguos adversarios. Y hasta es posible que dentro de los mismos bloques conceptuales de otrora se presenten diferentes ópticas sobre los nuevos problemas que ordenen en campos diferentes a antiguos viejos cofrades. Las intransigencias sólo se justifican con quienes prefieran ubicarse fuera del consenso neo-constituyente institucional.

Los partidos, como categorías históricas, son simples marcos de referencia que, en el nuevo escenario, deberán resignarse a la imposibilidad de grandes construcciones totalizadoras. Seguirán unidos por viejas épicas y por valores permanentes, pero serán sometidos —aún en su seno- a fuertes tensiones en la forma instrumental de concretarlos, entre ellos, nuestros tradicionales partidos nacionales.

Radicales y peronistas han cumplido en la dinámica política y social argentina el papel de herramientas sustantivas de integración, más que discursos adjetivos de ideologías. Por definición, uno y otro se han sentido molestos ante los intentos de encuadramiento en la geometría política de la vieja Europa. Sus posiciones se han dirigido a integrar a la sociedad, uno con las banderas de la ética y la democracia y el otro con el reclamo de la justicia social, y en sus propósitos han sido aceptablemente exitosos, pero han utilizado herramientas conceptuales diversas en etapas diferentes de la historia.

Ambos constituyen valiosas herramientas para la reconstrucción del sistema político, a condición de que asuman –principalmente, el peronismo, más atacado por los vicios populistas- el obstáculo irreversible del comportamiento populista para que el país dé el gran salto adelante. Y que ambos adopten en sus marcos conceptuales una percepción cosmopolita, abarcadora de una realidad que hace tiempo superó la mirada exclusivamente "nacional".

El radicalismo tuvo esta visión en sus años iniciales, en su período alemnista, anteriores al surgimiento del nacionalismo exacerbado del siglo XX en todo el mundo. El peronismo lo ensayó en forma desmatizada en los años de Menem, pero en forma inconsciente y provocando graves daños al entramado social.

Ambos subsistirán en tanto asuman como método de análisis y diseño de propuestas el cosmopolitismo consciente. Cosmopolitismo, porque no hay otra forma de relacionarse con el mundo. Consciente, porque el proceso deberá tener en cuenta la necesaria transición que neutralice los daños y optimice el ritmo, el diseño y los beneficios para los ciudadanos y el país. La política debe traducir en normas y medidas de gobierno esta transición. Si no lo hace, será superada por la realidad, y como en los 90, la harán las corporaciones.

Si lo logran, estarán forjando el principal consenso estratégico del país del bicentenario sobre la regla de oro de no demonizar al adversario, sino respetar en él a un igual en la convivencia nacional.

En este escenario será necesario introducir una nueva cultura del relacionamiento político. Es probable –y necesario- que cada objetivo muestre alianzas políticas o sociales diferentes, sin que por esto se altere la solidaridad básica en las líneas estratégicas. Fuerzas políticas que quizás coincidan en algunas metas, pueden discrepar en otras –o en los tiempos adecuados para ellas- y formular diferentes alineamientos, fortalecerán la ductibilidad y efectividad de la democracia al servicio de los ciudadanos. Así funciona la política en las democracias maduras y ello no conmociona al sistema, sino que lo robustece, al reconocer la primacía de la libertad de los ciudadanos, sus iniciativas, sueños, esfuerzos y luchas, por sobre cualquier cosmogonía que pretenda imponerse a su libre opinión. El papel de los "verdes" y los liberales en Alemania, o de los partidos "nacionalistas" en España, acordando con uno u otro partido nacional para formar gobierno, es un ejemplo.

La política deberá tomar nota del nuevo protagonista social: el hombre común, que puede decidir no formar parte de las grandes organizaciones partidarias pero ejercer su ciudadanía en forma activa en los temas de su interés. Recordar que ese ciudadano —y todos ellos- son los dueños últimos de la sociedad y del sistema debería ser un ejercicio de memoria y reflexión permanente para las organizaciones partidarias y dirigentes políticos, cuyo poder se deriva de la voluntaria aceptación y decisión de las personas.

La base de la sociedad es la persona humana y la célula de la sociedad política es el ciudadano. No el Estado, ni los partidos, ni los gremios, categorías históricas que, por definición, son sólo herramientas a su servicio. Una nueva protección a su libertad debe reforzar las anteriores visiones de las libertades "negativas", ratificando sus viejos contenidos y reforzándolos con la edificación del piso de ciudadanía que permita desarrollar con la máxima autonomía posible su esfuerzo por mejorar su nivel y calidad de vida.

Ideas novedosas, como el Ingreso Ciudadano Universal o el Trabajo Cívico avanzan en esa línea, buscando la construcción de una nueva ciudadanía, superadora de los ya estrechos límites económico-sociales de las formaciones clásicas de la sociedad industrial de la primera modernidad, basadas en el trabajo estable —de inexorable declinación- y las instituciones de la primer modernidad.

Las nuevas formas de interacción y específicamente la interacción virtual deben ser incorporadas al funcionamiento político a fin de facilitar la participación de quienes deseen opinar, comprometerse y participar de las cuestiones públicas. Un sistema de consultas permanentes, de foros de debate y de encuestas "on line" sobre diferentes temas permitirá seguir las tendencias de los ciudadanos y guiar a sus "intérpretes", representantes formales en el gobierno y cuerpos representativos, en el mejor ejercicio de su función. Y una visión abierta a la globalidad, a los seres humanos que comparten el planeta en otras latitudes pero con los que estamos cada vez más relacionados, a los intereses de otros con los que deberemos trabajar en conjunto para lograr una casa planetaria más segura, menos polucionada, más libre, más equitativa.

Esa será la política para la nueva marcha.

La política cosmopolita.

La cosmopolitización es irreversible

La impregnación cosmopolita de la vida cotidiana es un fenómeno para nada nuevo, aunque su ritmo se ha incrementado paulatinamente en las últimas décadas. No ha tenido buena prensa en el ambiente intelectual, conmocionante como es de los marcos interpretativos y analíticos de la realidad férreamente atados a los estados y las sociedades nacionales.

Es que el mundo globalizado pasa por encima de los cartabones elaborados en los dos siglos de miradas acumuladas de los científicos sociales y aún de los políticos.

No se trata ya de la relación "entre" sociedades o "entre" Estados, con capítulos definidos que integran el saber intelectual. Ni tampoco de los flujos de comercios, inversiones o finanzas de la economía global, también analizados con herramientas que, aún con sus actualizaciones, tienen décadas de ser estudiadas y "confirmadas" por el saber académico. Se trata de la ubicua imbricación de lo global con lo local, redefiniendo ambos espacios y limitando cada vez más los viejos saberes, que por ser asentados en viejos prestigios, alineamientos y cuasi-dogmas resulta tan difícil aceptar que hayan sido superados por el cambio de la propia realidad.

La mirada cosmopolita no es nueva. Existió desde la antigüedad, en ocasiones prestigiada, en otras despreciada según las modas abiertas o cerradas de los sucesivos marcos conceptuales. Se la vinculó con el conocimiento, con las costumbres, con la tolerancia, con lo extranjero, con la política, con la economía, con la cultura.

En los dos últimos siglos la legitimación de una determinada visión de lo social prioriza el enfoque económico, considerado por la etapa epistemológica –aún vigente como el determinante para la caracterización de la sociedad (feudal, capitalista, socialista). Aceptaremos ese enfoque, aun cuando la etapa que atraviesa la humanidad en el cambio de siglo esboza una vez más la prioridad de un campo superestructural, el desarrollo científico técnico, como fuerza orientadora pero a la vez, como locomotora de la evolución y el cambio.

¿Cuáles son los productos de consumo masivo que con más fuerza han invadido a los consumidores de todo el planeta en el último cuarto de siglo? No es necesario más que la observación directa: en la primera década del siglo XXI el ícono triunfal es el teléfono celular. En el último cuarto del siglo pasado, lo fueron las computadoras personales. En el último medio siglo, fue el televisor y el complejo tele-audio-visual, incluyente desde los viejos aparatos de TV en blanco y negro y los nostálgicos "combinados" o "Winco" que animaban las fiestas juveniles hasta los poderosos equipos de cientos o miles de Watts de potencia de salida inherentes a los megaeventos y festivales gigantescos, y en los últimos años sus equivalentes en el nuevo individualismo, los ubicuos "MP3", "MP4", "MP5" y los que vendrán.

¿Quiénes utilizan estos artefactos? ¿Tienen límites de clase, de geografía, de niveles de ingreso o de estándares educativos? Las respuestas a estas preguntas pueden ser matizadas, pero en lo sustancial la primera respuesta es "casi todos" a la primera, y "muy pocos" a la segunda.

¿Cómo es el proceso de fabricación de estos artefactos? ¿Son propios de un país "imperial" que a través de su potencia de mercado los impone a los demás? Nuevamente: la producción es cada vez más global, su distribución cada vez más extendida, su proceso de diseño de ingeniería, construcción de partes, armado, comercialización, distribución, financiamiento y venta final es cada vez más cosmopolita.

Similar situación observamos en otro complejo industrial de difusión universal: el transporte personal.

¿Quién usa automóviles? ¿Dónde se fabrican?

Las respuestas no tienen demasiadas diferencias con las anteriores. Íconos de la industria del siglo XX, surgieron limitados a los países desarrollados de occidente y a sus "periferias" y se extendieron hasta ser hoy un bien universal. Los usan "casi todos", y cada vez más, aún a riesgo de una polución ambiental creciente y un deterioro de la atmósfera que no es óbice para la generalización de esta "herramienta de libertad" que implican los autos.

Seguramente la tecnología agregará en los próximos años modelos crecientemente independientes de la quema de combustibles fósiles, de menor cilindrada, híbridos, optimizando el uso de energía. Nada indica, sin embargo, que los seres humanos renuncien a esta ampliación de libertad personal que significa el transporte mecánico individual.

La respuesta a la segunda pregunta también es parecida: se fabrican en todos lados. Superada la primera etapa de la industria "cerrada" de las primeras épocas —extendida hasta el comienzo de la segunda mitad del siglo XX- en la que los procesos productivos eran los propios del mundo del primer paradigma moderno (sociedades y estados nacionales), la industria automovilística fue desplazando etapas productivas hacia diferentes regiones hasta convertirse en un verdadero complejo cosmopolita. Un automóvil "argentino" —o brasileño, o norteamericano- habrá agregado un escaso y simbólico valor final "nacional" ("Industria Argentina") —estimado en un promedio del 30 %- a un producto que contará con partes originadas en diversos lugares del mundo. Puede tratarse de un automóvil diseñado por un equipo de ingenieros alemanes, diseño adquirido por una empresa norteamericana, cuyos dueños mayoritarios pueden ser accionistas japoneses, que es desarrollado por otro equipo de ingenieros de proceso de origen plurinacional y cuyas autopartes proceden de China, Italia, Brasil, Corea, México o Taiwan. Utilizará para su funcionamiento aceites formulados en el Reino Unido, elaborados en el país con componentes españoles y combustibles destilados en Argentina sobre la base de crudo adquirido en el mercado nacional e internacional, que puede ser gasoil venezolano, gas boliviano o petróleo mexicano.

Una mirada superficial a otros complejos industriales puede atenuar en algo la cosmopoliticidad del proceso, pero sólo en la superficie. Los productos de mayor movimiento económico tienen similar matriz. Los "jeans", el calzado deportivo "de marca" por el que algunos jóvenes marginales pueden literalmente "matar", los alimentos procesados, la oferta "gourmet", los juguetes, la industria de entretenimientos, los contenidos audiovisuales más vistos, los perfumes, la óptica, los productos de belleza y cosmética, son el resultado de la imbricación cosmopolita de investigación de base, desarrollo tecnológico, diseños de producto y de proceso, financiamiento, organización de la producción, la distribución y el consumo, la publicidad, la venta final, realizada en cadenas de valor "de-construidas" y luego "re-construidas" en una economía que hace tiempo superó los límites nacionales, y lo sigue haciendo a una velocidad exponencial.

Nótese que no se trata de exóticos productos al alcance sólo de "la oligarquía". Celulares, televisores de todas las "generaciones" tecnológicas, complejo audiovisual y de comunicaciones, automóviles, vestidos, alimentos, confort, son el consumo industrial principal de la sociedad mundial. El "cosmopolitismo banal" —en términos de Ulrich Beck - es cada vez más la norma, frente a los viejos cartabones interpretativos autárquicos de los últimos dos siglos. ¿Dónde está, en este proceso, la lucha de clases? ¿Dónde el capital, dónde el proletariado, dónde la pequeña burguesía? ¿Cuál es el nivel de la plusvalía, de la "tasa promedio de ganancia", de la renta? ¿Dónde está el interés nacional, dónde los Estados, dónde las herramientas de actuación? Pues... en todos lados. Tan difuminados que resulta imposible aislar sus "intereses" recíprocos y sus líneas de choque con sus tradicionales "enemigos" o "rivales".

La cosmopolitización del mundo puede mostrarnos curiosidades tales como proletarios luchando —o trabajando- junto a sus precisos patronos frente a proletarios que hacen lo propio con sus —también precisos- patronos, defendiendo las ventajas de sus productos frente a nuevos competidores que surgen en países recién llegados y ofrecen desde autopartes hasta productos químicos, desde "commodities" hasta diseños de ingeniería o servicios informáticos, en condiciones más competitivas.

La "sociedad de riesgo mundial" se ha instalado, por su parte, cerrando las viejas indagaciones de la primer modernidad y abriendo las nuevas, "empezando de nuevo". Viejos rivales se encuentran trabajando juntos para superar nuevos problemas, antiguos aliados se distancian por visiones diferentes por su situación relativa frente a la distribución de riesgos de la segunda modernidad.

Norteamericanos y rusos, otrora enemigos que polarizaron las pasiones políticas y sociales de las personas durante siete décadas del siglo XX en una macabra carrera de riesgo nuclear, son hoy socios ante el riesgo del terrorismo internacional y de las armas de destrucción masiva, en una sociedad que sin embargo dista de ser permanente y estable –como las alianzas del "mundo sólido"-, sino sujeta al caprichoso devenir de acontecimientos imprevistos. Europeos y norteamericanos, socios de la férrea alianza estratégica de postguerra frente a su enemigo del mundo bipolar, se distancian por su situación –y políticas- diferentes ante los riesgos del deterioro ambiental e incluso de determinados problemas de la seguridad global. Iraníes y norteamericanos, enemigos durante tres décadas, buscan una alianza estratégica que sólo unos meses antes hubiera parecido un dislate.

Chinos y norteamericanos transformaron su antagonismo de posguerra en la más importante asociación global. El triunfo de la modernidad instaló nuevos problemas, nueva distribución de riesgos y ventajas, nuevos costos con nuevas polémicas sobre su solución.

Similar reflexión cabe a las herramientas de políticas tradicionalmente utilizadas por los Estados Nacionales para sus políticas económicas. Al formar parte de cadenas de valor cosmopolitas, el "cierre" de la economía para "defender" empresas nacionales, herramienta usual en los mediados del siglo XX con el auge del "autarquismo" como expresión cuasi natural de la sociedad y el Estado nacional, deriva en la retracción productiva, no sólo por las represalias de mercado —resabios de las antiguas luchas económicas- sino porque al marginarse de la economía global margina a las partes locales de la cadena de valor que produce la rentabilidad final, ya que el sistema no tardará en reemplazar la etapa automarginada por otras ofertas que aparecerán ansiosas de ocupar un mercado abierto de improviso por el abandono de uno de sus protagonistas.

Una cabal demostración de la acción del Estado diferente lo ha dado Brasil ante la crisis global del 2008: abrir más su economía, para aprovechar la crisis apoyando su vocación de crecimiento en las dificultades del mercado global. Y Uruguay, ocupando rápidamente el vacío en el mercado mundial de carnes de alta calidad dejado por Argentina.

No sólo eso: la decisión del gobierno brasileño de promover la adquisición de automóviles con créditos blandos, aún de aquellos no "fabricados" en su territorio, muestra la lucidez y actualización de su análisis político y económico: los automóviles adquiridos pueden no ser "fabricados" en Brasil, pero contendrán etapas productivas que sí lo están, desde autopartes hasta diseño, comercialización y servicios.

Mantener funcionando la cadena de venta y aprovisionamiento de automóviles, aún de los "importados" —estaciones de servicio, talleres, concesionarias, asistencia postventas, registros de propiedad, etc.- tiene tanto o más impacto en la actividad económica que el hipotético "cierre" de las importaciones para "defender la producción nacional". El razonamiento de la política brasileña ha sido "cosmopolita", utilizando las herramientas de la "modernidad reflexiva" en lugar de ceder al "reflejo irreflexivo" de reproducir, fuera de tiempo, herramientas de la primera modernidad que agravarían el problema en lugar de atenuarlo.

Hasta un sector aparentemente tan desvinculado de la modernidad como la producción bovina ha mostrado a comienzos del siglo XXI los efectos de las herramientas de política económica de la "primera modernidad", inadecuadas para incidir en la economía global en forma positiva, frente a la "modernidad reflexiva" que exige la segunda modernidad de la sociedad cosmopolita.

En nuestra región podemos ver los efectos de ambas políticas a ambos márgenes del Río de la Plata, con el valor agregado de poder observar la inutilidad de las antiguas categorías de "izquierdas" y "derechas" frente a la más adecuada de la primera modernidad estatal y cerrada, contrastada con la segunda modernidad, cosmopolita y reflexiva.

En la Argentina, un gobierno que demoniza a "la derecha" posicionándose en la ortodoxia del "progresismo" de la primera modernidad, aplicó al sector ganadero, frente a la suba de precios internacionales de la carne, la prohibición de exportación. El fundamento de la medida por la –entonces– ministra de Economía, Felisa Micelli se ubicó incluso intelectualmente antes de Manuel Belgrano y Mariano Moreno: "abriremos la exportación cuando los precios internacionales bajen, para que no distorsionen los precios internos". La frase resume una política que, con uno u otro matiz, se proyectó a través de las decisiones de la Secretaría de Comercio en los años posteriores. En el fondo, una política pública parecida a la que promovió la "Representación de los Hacendados", elaborada por Mariano Moreno en 1809 y que fue una de las fuentes de la Revolución emancipadora.

La consecuencia fue la reducción del stock ganadero, la liquidación de vientres y la reducción de las exportaciones de 771.000 toneladas en 2004/5 a poco más de 400.000 toneladas en 2008 y a 183.000 en el 2011. El precio interno se redujo durante pocos meses, pero junto a la reducción del precio interno –producido por la liquidación acelerada del sector- se liquidó el capital invertido, que en el caso de la ganadería está simbolizado por la cantidad de vacas "madre", primer eslabón de la cadena productiva que sigue luego con la etapa de "servicio", preñez, nacimientos, destete, engorde, engorde final, frigorífico, elaboración, distribución interna y externa y consumo final. El precio del "kilo vivo" pasó de un dólar en 2004 a setenta centavos de dólar a fines de 2008, mientras el costo medio de producción pasó de setenta y cinco centavos de dólar en 2004 a un dólar y medio en 2008.

El resultado fue inexorable: la rápida liquidación de la actividad y de su cadena de valor –en la que participan en forma directa e indirecta entre uno y dos millones de personas- ante el escenario de quebranto. El país, como conjunto, dejó de recibir el producido de las exportaciones y el fisco redujo consecuentemente su recaudación por los –insólitos- impuestos a la exportación conocidos como "retenciones". Fue la consecuencia natural de la aplicación de una política típica de la primera modernidad (cerrar la economía nacional) a una actividad "cosmopolitizada" virtualmente desde que comenzó, hace dos siglos. Dos años después, la falta de producción desestimulada por la errónea visión oficial, convirtió a la carne en un bien de lujo.

En el Uruguay, la política de un gobierno de izquierdas, pero de visión moderna y reflexiva, tomó decisiones exactamente inversas. Liberó totalmente la distribución y promovió en forma clara las etapas más débiles de la cadena – créditos blandos en la etapa inicial-. El resultado logrado fue el incremento de la producción ganadera y de las exportaciones, que alcanzaron el medio millón de toneladas duplicando su volumen, en base a ocupar gran parte de los mercados abandonados por la Argentina a pesar de que su stock ganadero es apenas del 25 % que el de su vecino. El precio interno, por su parte, se redujo, debido a que los cortes demandados por la población no tienen potencial exportador, pero son producidos por los mismos animales que originan los cortes exportables. El propio mercado determinó el equilibrio. El precio de exportación generó rentabilidad creciente, mientras la capacidad de compra interna fijaba los precios domésticos.

A mediados del año 2008 la carne en el Uruguay era abonada, por sus ciudadanos, a un precio inferior al de la Argentina, mientras la cadena de producción se beneficiaba fuertemente por los nuevos mercados y los precios internacionales en alza, los mismos que habían llevado a la Argentina a abandonarlos: destinados los cortes delanteros a los consumos populares, el resto alcanza valores de exportación entre siete y nueve dólares el kilo, con el consumo "top" del lomo, que alcanza a los quince dólares. La misma situación del mercado global llevó a la Argentina a una grave crisis y al Uruguay a un gran salto productivo.

La autarquía productiva dejó de funcionar como alternativa, ante la globalización del mercado que determina una nueva escala de producción, con estructura de costos también globalizada. La ilusión de autoabastecer a una región o un país con su propia producción, que parecía posible con sociedades más rudimentarias y una demanda menos compleja, es virtualmente imposible ante una demanda sofisticada, diversificada y mundial, que adquieren escala de producción viable sólo con un mercado de dimensiones globales.

Pero no es cosmopolita sólo la economía. También lo es crecientemente la cultura. El desarrollo de las telecomunicaciones ha creado posibilidades de llegada a la sociedad global a protagonistas diversos. Utilizados masivamente por los países desarrollados y especialmente por empresas norteamericanas, estos canales de llegada —sistemas satelitales, productoras globales, distribución de señales a través de cable, segmentación creciente del espectro radioeléctrico por las nuevas tecnologías de paquetización, etc- llevan a los hogares de los sitios más diversos del mundo una oferta cada vez mayor, que se abre paso dentro del denso entramado del tradicional predominio holywoodense. Los televidentes argentinos tienen acceso a series mexicanas, colombianas y brasileñas. Los israelíes, rusos y chinos, a producciones argentinas. El mercado audiovisual latinoamericano —y el propio estadounidense, con una audiencia hispanohablante de más de cuarenta millones de personas- ya no es el coto de caza exclusivo de las productoras californianas. Está globalizado, impregnando con modismos locales, visiones alternativas, conocimiento de nuevas formas de vida y convivencia, el imaginario cultural de las sociedades más diversas.

El efecto en la vieja "policía" audiovisual de la sociedad y el Estado Nacional se reduce correlativamente. Sería hoy inimaginable un escenario de censura como el que se conoció en el país en las épocas dictatoriales mediante la legendaria tijera del censor Tato, no sólo porque no lo aceptarían los protagonistas sino porque si se intentara, las oportunidades de producción en otros sitios no los condenaría a la desaparición sino que habría sólo agregado un obstáculo molesto pero no insorteable. La portentosa extensión de

Internet, la creciente paquetización, el despliegue de tecnologías cada vez más rápidas y densas, la presencia de la interactividad, los flujos online de información, el cambio del papel pasivo del receptor y su creciente actitud propositiva, hacen que las políticas "autárquicas" más que inútiles, sean una antigualla de museo, aunque motiven el fuerte debate en el pequeño escenario del poder.

Ello no significa que ese poder haya desaparecido, sino sólo que carece del potente "imperium" de otras épocas, crecientemente devaluado.

Similar reflexión cabe al sistema noticioso y de información política y pública, en la que la obsesión dictatorial de los gobiernos hace simbiosis con los actores que todavía necesitan una autorización pública para funcionar. Esa capacidad de incidencia tiene aún valor, pero cada vez menos, ante la gran cantidad de medios de información y opinión alternativos que llegan directamente a los ciudadanos, que además interactúan. Los episodios de la "batalla del campo" que vivió la Argentina entre marzo y julio de 2008 hubieran tenido una dimensión diferente sin la presencia de las herramientas de comunicación personalizadas de origen cosmopolita que significaron los blogs, los e-mails, los foros, los celulares, los mensajes por celulares (MSM), los comentarios de los lectores en las ediciones virtuales de los medios, etc. Sin ello, quizás otro hubiera sido el resultado de la propia "primavera árabe" o de las gigantescas marchas de protesta en Argentina en 2012 y 2013, sin dudas las más numerosas de la historia, en gran medida autoconvocadas por ciudadanos independientes a través de las redes sociales.

Los avances tecnológicos que asoman pulverizarán aún más cualquier intento de domesticación informativa: la televisión por Internet permitirá miles -si no decenas de miles- de "señales" en los hogares de todo el mundo, con el sólo requisito de contar con una conexión de banda ancha, cada vez más masificada. Y eso es tan imposible de censurar, controlar o domesticar como la conversación entre personas. Y a la vez, abrirá nuevas formas de trabajo, producción, entretenimiento, negocios, densidad interactiva, arte, consumo, para un número creciente de ciudadanos, que lo serán cada vez más "globales" que "nacionales". Y en lo que respecta a nuestra reflexión, instala una agenda totalmente diferente a la propia de mediados del siglo XX, e incluso a la existente apenas hace veinte o treinta años, tiempo "de corte" del pensamiento político mayoritario en el país.

El interrogante que se impone frente a esta realidad es: ¿es irreversible la tendencia cosmopolita? ¿Pueden regresar a ser nuevamente predominantes los marcos nacionales? Y las respuestas son claras.

La cosmopolitización es tan irreversible como fue el surgimiento del capitalismo con marcos nacionales. Es una nueva forma productiva, un nuevo paradigma apoyado en el potente desarrollo científico técnico de las últimas cuatro décadas. Su velocidad no disminuirá, sino que es incremental. La tendencia puede sufrir alguna ralentización producto de crisis financieras coyunturales como las vividas en el 2008 y 2011, o de estallidos de violencia en zonas calientes, pero es inherente al estadio de desarrollo de la humanidad a comienzos del siglo XXI. Sólo es imaginable una detención de esta tendencia con episodios catastróficos fuera de toda posibilidad humana de previsión – fenómenos astrofísicos o geológicos- o por un conflicto nuclear generalizado, más cercanos a una "singularidad" –cuya esencia es la imposibilidad epistemológica de aprehenderlos desde una perspectiva científica o racional- que a un presupuesto de análisis social.

En consecuencia, es también altísimamente improbable que los marcos nacionales se reconstruyan con las fronteras geográficas, culturales, económicas y políticas anteriores, tanto como que los Estados y sociedades nacionales vuelvan a ser el paradigma político identitario en las próximas décadas. Aunque –una vez más- el futuro es inescrutable, el escenario que aparece más probable es el de la creciente cosmopolitización, la fuga de las sociedades nacionales hacia la sociedad global en ritmos asincrónicos, la necesidad de articular políticas para evitar los riesgos globales y la inclusión del ingrediente cosmopolita en la reflexión frente a cada situación que requiera decisiones públicas.

La propia idea de pertenencia nacional evolucionará en un diálogo con las nuevas realidades y líneas de fuerza cosmopolitas, que la enriquecerán al atravesarla con aportes, demandas y propuestas adecuadas al nuevo escenario. Si bien la nación como concepto es una categoría histórica relativamente nueva –propia de los últimos dos siglos, inexistente antes-, en los países de reciente factura ha acompañado la construcción de la identidad personal al punto de ser una idea inescindible del propio destino colectivo. Nación, Estado y territorio han configurado un continente adecuado para organizar la vida en común incluyendo las relaciones económicas, con límites claros compartidos por los tres órdenes, incluso el económico. Pero Nación, Estado y territorio tienen nuevos límites no coincidentes.

Las naciones han dejado de ser el "sujeto histórico" predominante de la organización planetaria, para coexistir con infinidad de nuevos actores, públicos, semi-públicos y privados. Los Estados han sufrido –como se analizó- la redistribución de facultades y la pérdida del monopolio de la coacción, delegando facultades –voluntaria o involuntariamente- hacia otros niveles organizativos supranacionales, internacionales, subnacionales y de la propia sociedad civil. Y el territorio está cambiando su relación con el poder en reconstrucciones que abarcan una reformulación también supraestatal –como la Unión Europea, o el propio Mercosur o la Alianza del Pacífico- con nuevas instituciones de "policía" y control político.

Este complejo escenario es el nuevo espacio de la política, que se encuentra frente al dilema de aferrarse a los viejos marcos nacionales –debilitados y cada vez más impotentes para desarrollar políticas públicas exitosas de cara a la nueva agenda ciudadana- o de decidirse a participar en forma consciente en la construcción de la política regional y global.

El primer camino la alejará de la recuperación de prestigio social, ante su incapacidad para enfrentar los nuevos problemas. El segundo, la enfrentará crudamente con la responsabilidad de un cambio de conducta, de "ethos", que necesariamente deberá incluir una mayor cuota de disposición a la construcción de consensos y una sustancial transformación, desde su contenido agonal hacia su responsabilidad arquitectónica.

Un nuevo ethos político

La política ha sido concebida hasta ahora como una lucha. Es lucha para "llegar al poder". Es lucha para "cambiar la realidad". Esa lucha ha tenido interpretaciones que han cambiado a través de toda la historia, hasta arribar a su sublimación, la "lucha de clases". Pero el mundo que enfrentamos obliga a una reflexión crítica sobre esta característica, hasta ahora inherente a cualquier pensamiento sobre el poder.

La razón no es tan complicada: cambió el mundo. Surgieron "riesgos" que superaron las antiguas visiones, que en el fondo suponían –todas- la invariabilidad del escenario sobre el que desenvuelve su vida el género humano: el planeta. Capitalismo, socialismo, nacionalismos, liberalismos, todas construcciones conceptuales que interpretaban el fenómeno del poder cada uno con sus improntas, analizaron una humanidad en expansión, sin límites en sus posibilidades de progreso, crecimiento y desarrollo, porque descontaba recursos infinitos.

Esos límites hoy son terminantes. El planeta no resiste ya la presión demográfica y de hecho, si los siete mil millones de congéneres aspiraran a vivir en la forma en que lo hacen quienes pertenecen a las sociedades más desarrolladas, necesitaríamos ya dos planetas Tierra. Ello abre riesgos que no existían y que trascienden las luchas tradicionales para asociar a los seres humanos en un desafío mayor: la viabilidad de su supervivencia.

La densidad demográfica, unida a la debilidad de las "estructuras" y al empoderamiento de los seres humanos individuales potencia una variable siempre presente, pero nunca con tanta importancia: la imprevisibilidad. Los riesgos imprevisibles son enormes, los límites de los recursos son terminantes y la interactividad alerta a cada vez mayor número de ciudadanos del mundo sobre las formas de vida que han alcanzado otras sociedades, despertando ansiedades y deseos antes desconocidos en este nivel.

La dureza de estas nuevas realidades es un campanazo que instala en la agenda de la política la reflexión sobre su esencia. La teoría del riesgo, la convocatoria al nuevo "ethos", la necesidad de un espacio de modernidad reflexiva que permita superar la impostación de las "contradicciones" heredadas de las construcciones ideológicas de los dos siglos anteriores, es hoy vista como el nuevo componente de la reflexión y la acción política, simplemente porque los riesgos –globales, masivos- atraviesan sectores sociales, nacionales, geográficos y poblacionales.

Dice Beck, en una reflexión que merece ser transcripta sin enmiendas: "En el tránsito de la lógica de la amenaza de guerra a la lógica del riesgo se revela también lo que significa "transformación de la política". El tema de la lógica de la amenaza de guerra es el rearme para poder reprimir o someter a los enemigos; en la lógica del riesgo, en cambio, se trata de cooperar superando las fronteras para evitar catástrofes, lo que antes he esbozado al hablar del escenario hegeliano. Carl Smichtt en su argumentación se pliega a una lógica binaria nosotros-ellos. Al hablar de riesgos siempre se piensa en enemigos. En esta lógica queda excluida la posibilidad de que la humanidad trabaje conjuntamente para alcanzar un objetivo, o que puede haber algo así como una cooperación allende las fronteras no destinada a combatir a un enemigo exterior común. Schmitt escribe:

> "La Humanidad es un instrumento ideológico especialmente útil para expansiones imperialistas y, en forma ético-humanitaria, es un vehículo específico del imperialismo económico. Para esto vale, con una sencilla modificación, la frase acuñada por Proudhon: quien dice "humanidad", desea embaucar."

La vida y la supervivencia en el horizonte del riesgo global se pliegan a una lógica completamente opuesta. Aquí lo racional es superar la oposición nosotros-ellos, reconocer en el otro a un socio con el que cooperar y a un cojugador democrático y no verlo como un enemigo al que hay que destruir. La lógica del riesgo dirige la mirada hacia esa explosión de pluralidad en el mundo que niega la enemistad. … Visto así, señalar el peligro civilizatorio al que se autoexpone la humanidad tiene el sentido colateral de un realismo egoísta: quien dice "humanidad" desea salvarse a sí mismo." (Beck, Ulrich, "Una Europa alemana", Paidós, 2011, p. 51 y ss)

Beck escribe para el mundo, el nuevo mundo que lo obliga a superar reflexivamente, apoyado en su formación marxista, la lógica de las "contradicciones" que explicaban el avance social pero que resultan insuficientes para abordar nuevo escalón de desarrollo de las fuerzas productivas, el de la sociedad global. Describe el mundo pensando también en la política, que ya no es una actividad diferenciada de la diplomacia por su campo de acción y con la que se ha unificado en una especie de "política interior del mundo globalizado".

La sociedad global está, obviamente, atravesada por conflictos de toda índole. La novedad es que atraviesan las viejas "clases sociales" y "naciones" pero —y es tal vez lo más notable- colocan a todos los seres humanos en un polo y a la dupla incertidumbre-riesgos en el otro: "Otra diferencia entre ambas lógicas de la amenaza es la siguiente: el enemigo militar al que se declara la guerra es claramente identificable. … En el marco de la lógica del riesgo, a menudo no pueden nombrarse actores concretos ni existe una intención hostil. La amenaza no es directa, intencionada y cierta, sino indirecta, inintencionada e incierta. Se trata de riesgos globales traídos al mundo en tiempos de paz como consecuencias colaterales incontrolables de un desarrollo deseado y ordenado hacia más poder, más consumo, más turismo, más tecnología, más tráfico; en resumen: una consecuencia colateral indeseada del triunfo de la modernidad" (Beck, op. cit.)

No es que no existan más las clases: es que el nuevo escenario hace lábil su pertenencia ante personas que forjan su "biografía" con otros condicionantes, resultando "inconducibles" porque no responden a otra disciplina que su propia convicción. Pueden ser obreros, empresarios, cuentapropistas, estudiantes, productores rurales, profesionales, pero actúan como seres humanos más complejos, más informados, en un infinito colorido de identidades. Siete mil millones de identidades...

Los riesgos han ido ocupando la escena de la política de la mano de los encuestadores. El interrogante sobre la sociedad ideal es opacado por los "principales problemas" o las "principales preocupaciones" de los ciudadanos, que aíslan aquellos que más mortifican su sensación de seguridad, previsibilidad y tranquilidad. Y que, curiosamente, son también —diría Beck— resultados colaterales del triunfo de la modernidad: inseguridad —debido a la exclusión social de un desarrollo que deja afuera a amplios contingentes humanos y a la densidad demográfica, la movilidad, la debilidad estatal, la ruptura de las instituciones sociales de la modernidad-, problemas económicos —inflación, deuda, desocupación- debido al avance de un nuevo paradigma productivo que supera las normas nacionales, crea un mercado global y es dominado por el instinto primario capitalista de la ganancia, resultado de un desarrollo tecnológico exponencial pero sin la contención de una "política global" eficaz en condiciones de dictar —como los viejos Estados Nacionales- las reglas de juego, riesgos ambientales —desastres naturales, deterioro atmosférico, contaminación del agua, sobreexplotación de recursos naturales, efluentes industriales nocivos- productos del exitoso desarrollo económico moderno, etc.

Frente a este nuevo escenario, la herramienta de la política tradicional para gobernar son los partidos políticos.

Como categorías históricas propias de la modernidad, los orígenes de los partidos políticos modernos pueden rastrarse en la formación de los cuerpos deliberativos surgidos con las revoluciones burguesas. No es éste el lugar de profundizar en sus raíces. Alcance con recordar que tienen dos fuentes: las representaciones sociales y las ideologías.

La primera fuente deriva en partidos defensores de intereses de los sectores —geográficos, económicos, sociales- que representan. Estos intereses pueden serlo de una determinada ciudad o provincia o de un determinado sector social o económico. Esa defensa se expresa normalmente a través de la construcción de un relato que identifica los intereses del sector representado con el interés general. El partido federal, el partido unitario, los partidos agrarios, los partidos provinciales o locales, responden a este cartabón.

O pueden serlo, también, de una determinada ideología, la que también pretende la defensa del interés general pero como construcción de una utopía. Entre ellos el que ha generado durante los siglos XIX y XX la construcción más magistral, que además presume de representar los intereses de una clase que se convertirá en universal —la clase trabajadora-, es el comunismo.

También pueden responder a necesidades demandadas por el conjunto social en determinadas etapas de su historia. La incorporación política de las masas, la integración social de los excluidos, sin cambios revolucionarios de estructuras sino reformando paulatinamente la legislación e instituciones son ejemplos de objetivos de los partidos populares policlasistas, tanto en Europa como en América Latina.

Los partidos en la Argentina

¿Cuál es en nuestro país el origen de sus partidos más protagónicos durante el siglo XX, radicalismo y peronismo?

La bibliografía es densa y las tesis diversas. Sin pretender tampoco llegar a la raíz identitaria de ambas fuerzas, una aproximación muy general nos presenta a ambos partidos, como se ha mencionado, como partidos "de integración". Ambos son herederos de la idea de la política que se inició en la década fundacional, de "revolución y guerra" y se proyectó hasta la restauración conservadora (1830), en la que los actores políticos conformaban una especie de burocracia política-militar relativamente autónoma de los intereses sociales y económicos puntuales —sin que ello implique una total desvinculación- y que se asumía como depositaria del "bien común" y del destino colectivo. Tal vez esa actitud asumía la necesidad –que no tenían las viejas naciones europeas- de construir un nuevo Estado, a la vez que procesar sus conflictos internos.

El radicalismo contuvo las demandas de participación política de masas excluidas en tiempos de la "república oligárquica", cuando regía un estado de derecho republicano respetuoso de las formas de la Constitución Nacional, pero de participación restringida. El peronismo hizo lo propio conteniendo las expectativas y demandas de participación económica de masas de personas insatisfechas con la forma en que el funcionamiento económico retribuía sus esfuerzos. Sobre estas expectativas ambas fuerzas generaron sus épicas, forjaron su identidad y desarrollaron el sentido de pertenencia de sus adherentes.

Ni uno ni otro desarrollaron "ideologías", al estilo europeo, aunque contuvieron a todas sin adherir totalmente a ninguna y utilizando herramientas intelectuales de unas y otras para desarrollar sus políticas. En ambos casos, las improntas fundacionales tiñeron sus constantes. En el caso del radicalismo, nacido a fines del siglo XIX, su eje conceptual es esencialmente político, democrático-republicano. En el caso del peronismo, nacido en pleno auge de los nacionalismos de masas de entreguerras, su eje conceptual fue la "justicia social" y su concepción fuertemente estatista. Ambos fueron –son- cada uno en su forma, esencialmente "nacionales".

Ambos partidos son propios de la modernidad. El radicalismo, fijándose como aspiración la integración del "cuerpo electoral" con la extensión de la participación política a la totalidad de los mayores de edad, buscó la inclusión en su aspecto institucional y fue exitoso. El peronismo, en línea con la moda de su época natal, desarrolló un programa económico con una impronta de desarrollo industrial inducido y la construcción de las grandes instituciones de la modernidad –Cajas de Jubilaciones, empresas públicas, gremios semi-públicos, planificación económica- y fuerte injerencia estatal en la actividad general y también lo fue.

Sin embargo, no pueden obviarse también sus claras diferencias. Mientras el radicalismo imaginó la inclusión convirtiendo a los excluidos en ciudadanos e imaginando a su alrededor un amplio espacio de iniciativa personal, el peronismo cedió rápidamente a la metodología de la inclusión clientelista, aún al precio de vaciar de ciudadanía y reducir al mínimo el espacio de libertad personal.

Luego, el debate interno dibujó líneas y tendencias. El radicalismo contuvo desde su fundación visiones abiertas y liberales –Leandro Alem es su ejemplo más claro- y fue enriquecido con el aporte nacionalista y más autárquico de los hombres de FORJA, en la década de 1930. La leyenda interna ha dibujado como "populares" a quienes se sienten proyección del Yrigoyenismo y "elitistas" a quienes hacen lo propio de Marcelo T. de Alvear, aunque a fuer de ser justos, las luchas de Alvear junto a Alem e Yrigoyen en el período revolucionario, su progresista gestión de gobierno y la dura militancia durante la década de 1930 hasta su muerte en 1942 enfrentando represión, exilio y fraude hacen injusta aquella tradicional divisoria de aguas y sugieren una reflexión crítica de la versión canónica. La Plataforma Electoral de Alvear en 1937 fue, tal vez, la más "socialdemócrata" de la historia del radicalismo.

La columna vertebral de la organización radical es territorial, reproduciendo en "Comités" de diverso nivel –local, distrital o provincial, y nacional- la propia organización política de la Constitución Nacional. Entre sus falencias funcionales ha incluido en ocasiones procedimientos internos fraudulentos para dirimir representaciones o candidaturas, ciertas insinuaciones populistas y su supuesta "ineficacia" en la gestión de gobierno, que aunque ha reflejado su reverencia al orden legal, sus adversarios han identificado con "debilidad" en el ejercicio del poder. Y entre sus potencialidades, debe destacarse su vocación de síntesis. La definición de Alfonsín en su discurso ante el Congreso de la Internacional Liberal, en Madrid –1985-, lo expresa claramente: "Los radicales somos como los viejos liberales y los viejos socialistas".

Un párrafo especial merece el proceso de masificación que permitió al radicalismo liderar la última recuperación democrática. Producida en un momento histórico especial –postrimerías del mundo bipolar, fuerte influencia residual de la lucha ideológica entre las superpotencias, hastío de las sociedades por las "soluciones militares" en América Latina que ya no eran sostenidas por Estados Unidos, revalorización de la democracia y los derechos humanos- recibió el aporte de generaciones jóvenes que inyectaron en la vieja estructura un fuerte dinamismo, así como una renovación del debate con el nuevo arsenal conceptual.

Sin embargo, también implicó incorporar durezas ideológicas inhábiles para comprender los cambios del mundo hacia la globalización y la superación del conflicto ideológico de posguerra, quedando atado a una interpretación maniquea de la dinámica política que aunque había sido útil para la derrota de la última dictadura, resultaba incompatible con los matices de una sociedad plural y ya inmersa en el proceso de "cosmopolitismo banal" (Beck) que impregnó a todo el mundo en las últimas tres décadas del siglo pasado. Esta afirmación tiene un contenido ciertamente autocrítico, ya que el autor contribuyó a la elaboración conceptual de la época, exitosa en aislar a la dictadura y abrir las puertas a la democracia, pero equivocada en la interpretación de la compleja realidad económica y social de un mundo que ya había comenzado a cambiar su paradigma global.

El radicalismo no terminó de asumir, desde el gobierno, las características de la nueva problemática económico-social de un mundo en cambio. La intuyó, pero fue insuficiente ante el predominio corporativo adscripto a un país cerrado que no admitía ni siquiera la apertura regulada y controlada propuesta por su gestión. No fue derrotado por un "golpe de mercado" —como suele afirmar la leyenda interna- sino por poderosos intereses corporativos afectados por su proyecto modernizador: empresariado protegido, gremios clientelizados, Estado cooptado por sus proveedores y una situación internacional adversa frente a la que no pudo ofrecer una política de unidad por la proliferación de afectados por el proceso de modernización enunciado por Alfonsín en Parque Norte.

Allí congeló su debate y comenzó su retiro como representación política, aunque no como estructura. Ésta sigue conformando, junto al peronismo, el más extendido sistema de relaciones orgánicas políticas que sin embargo no ha logrado sintonizar sus propuestas con la nueva agenda de un país que ya no vive con las demandas de los primeros tiempos de la recuperación democrática y, en consecuencia, tampoco tiene los mismos actores dinámicos.

El radicalismo de la reconstrucción democrática ha mostrado una contradicción sin saldar, sobre la que se ha montado la licuación de su representación política. En el imaginario colectivo el radicalismo es el partido de las instituciones, las libertades, la seguridad jurídica, el respeto a la ley, la protección de las clases medias, la mesura en la intervención del Estado en la economía. Sin embargo, en el sustrato ideológico de la estructura militante crecida en la última transición democrática el radicalismo reduce su identidad hasta verse tan sólo como la expresión socialdemócrata del debate nacional. Para los dirigentes de raíz histórica, la intención de hacer del radicalismo un partido socialdemócrata es contradictorio con su historia y su doctrina. Al contrario, para la estructura militante incorporada en la última transición, la visión de los radicales tradicionales es "la derecha", con todo lo que implica como carga despectiva para quien se considera parte de la "izquierda".

Esta contradicción, aunque expresión banal de un análisis anacrónico, bloquea su acción política y se proyecta al escenario general, extramuros del campamento radical. Las fuerzas de izquierda y centroizquierda sospechan de su afirmación "progresista" por la esencia plural de sus actores internos y aún de su tradicional base electoral, y los sectores moderados desconfían de su vocación democrática por su relato con una fuerte autoafirmación "progresista". La intolerancia en el debate interno hace el resto. En lugar de aprovechar su saludable pluralismo para encontrar en el diálogo una síntesis que aporte al país culturalmente democrático-republicano el camino de entrada a los desafíos del siglo XXI y la complejidad de la posmodernidad, se montan en las durezas presuntamente ideológicas pugnas por un poder partidario cada vez más aislado de los ciudadanos, más reducido en su representación y más autista en su discurso.

La consecuencia de esta dinámica ha sido el vaciamiento cualitativo de su rico debate interno –que quedó reducido a la pugna descarnada por el puro poder–

y el abandono de su rol articulador del amplio espacio "democrático-republicano" que contenía en su seno, ya que las visiones intelectualmente más proficuas, en ambas alas del espectro, se sintieron no contenidas y emigraron hacia otros caminos. Terminaron siendo sendas sin destino, es cierto, pero la fragmentación debilitó la dinámica mayor de la política argentina entre los bloques político-culturales predominantes, con ventaja para el organicista-autoritario, y el radicalismo quedó reducido a un esqueleto orgánico sin representación popular.

El peronismo incluye, por su parte, la herramienta sindical como columna vertebral organizativa —influencia de los fascismos de entreguerras que fue oscilando con el tiempo con una metodología clientelar-, un discurso que prioriza la búsqueda de la "justicia social", el escaso apego a las formas constitucionales y a los derechos de los ciudadanos, considerados como una debilidad o una intolerable limitación a su capacidad de gestión, y su apertura a interpretaciones identitarias que orillan los extremos del arco político, en una medida sustancialmente mayor que el radicalismo.

Si en aquél los extremos son un liberalismo medido y con sentido social en un extremo y un proteccionismo e intervención económica estatal razonable en el otro, en el peronismo los extremos son la derecha nacionalista violenta en un extremo y la izquierda insurreccional en el otro, que han llegado en ocasiones a la violencia física y hasta mortal.

Demuestra una capacidad mayor que el radicalismo en la contención de su pluralidad interna. El "alineamiento" con las conducciones adquiere en el peronismo una efectividad inherente a su esencia. Terminada su lucha interna, el disciplinamiento es inmediato, y es imposible no vincular esta capacidad con su genética cuasi-castrense.

Las intolerancias en el imaginario popular también son diferentes: los ciudadanos esperan prioritariamente del radicalismo posiciones visceralmente intolerantes con la corrupción y con cualquier violación de las formas constitucionales. Del peronismo suponen la preocupación social, aunque descuentan resignadamente escasos compromisos éticos e institucionales.

Uno y otro se han constituido, con sus particularidades, en mecanismos de participación para personas no pertenecientes a familias aristocráticas, a clases acomodadas o a los estratos económicamente superiores de la sociedad. De allí la calificación de "partidos de integración" o "de inclusión" con que nos referimos a ambos.

Se dijo más arriba que ambos espacios políticos han contribuido a forjar la identidad de la Argentina. Sin embargo, su intransigencia recíproca agregó una de sus características más negativas: la ausencia de diálogo y la dificultad en la construcción de consensos estratégicos. El tema no es menor, ya que la falta de estos consensos provoca un debate circular cuya consecuencia ha sido desvincular a la Argentina del proceso de cambio planetario. Entrado el siglo XXI, llega a su segundo centenario con la peor performance relativa en el mundo y en la región, luego de haber protagonizado durante su primer siglo de vida, por el contrario, un papel descollante en la comparación con las potencias de la época.

El vaciamiento del debate político y el manejo excluyente de la comunicación, sin embargo, no ha permitido a la sociedad procesar este debate, al que el relato oficial describe como el período más exitoso de la historia argentina a pesar de que una mirada imparcial y las estadísticas confiables muestran como un gran fracaso institucional cuya persistencia ha sido posibilitada por el pulmotor que ha significado el notable precio internacional de sus productos primarios de exportación.

A este fracaso ha contribuido en forma notable la dureza de los enfrentamientos y la intolerancia recíproca en los debates estratégicos, en los que la descalificación y demonización del adversario ("la derecha", "los zurdos", "el neoliberalismo", "los chorros") ha sido una nota permanente, que ha impregnado los cuerpos militantes de las diferentes organizaciones, haciéndolas disfuncionales con la incorporación virtuosa del país al proceso de construcción de la sociedad global. La banalidad del debate hizo de la política una actividad ausente durante los años del renacimiento económico, y cuando la política se hizo necesaria por la aparición de desequilibrios, la falta de actualización en el análisis derivó en el regreso de medidas propias de otra realidad, burdas y anacrónicas. La imagen de Moreno, de Marcó del Pont y del propio Boudou no muestran sofistificación en el análisis y comprensión de los nuevos desafíos, sino más bien la tosca reacción visceral-autoritaria de quien se ve superado por la realidad y no sabe qué hacer.

La Argentina perdió el siglo XX. El interrogante es: ¿recuperará el siglo XXI? ¿Logrará encarrilar su funcionamiento político en la senda de la modernidad, cumpliendo el programa constitucional, requisito ineludible para ser considerado un interlocutor serio en el paradigma global en formación? ¿Podrá incorporar la práctica de la modernidad reflexiva para abordar la nueva agenda, impregnada de cosmopolitismo e imbricada fuertemente en un mundo con nuevas fronteras? ¿Será capaz de garantizar a las personas, a sus ciudadanos, el espacio de protagonismo global creciente que sus similares de todo el mundo tienen en el diseño del nuevo paradigma?

Y de cara al interrogante de este capítulo: ¿será capaz de organizar su política alejada de las épicas fundacionales identitarias recíprocamente intolerantes de sus fuerzas representativas, y/o de construir nuevos canales de expresión capaces de analizar, contener, comprender y diseñar soluciones para los problemas que presenta la convivencia en el siglo XXI, algunos de clara respuesta interna pero muchos de fuerte demanda de acción cosmopolita?

El "camino ideal" requeriría, en una primera etapa, un trabajo conjunto de las fuerzas políticas más representativas y de los ciudadanos con vocación democrática y republicana, para reinstaurar el estado de derecho y la conducta democrática - republicana, en el poder y en la sociedad.

En este objetivo no debiera haber fisuras para lograr un cimiento sólido, ya que de su contundencia dependerá que la siguiente etapa soporte las fuertes tormentas del mundo cosmopolita, que están presentes en su convivencia aún sin ser percibidas intelectualmente por sus pensadores y dirigentes. Fue la mayor preocupación de Raúl Alfonsín al iniciar su gobierno en 1983: que el peronismo se reconstruyera y asumiera el papel de una potente fuerza democrática.

Siguiendo la reflexión del apartado anterior: ¿están los partidos históricos en condiciones de articular consensos destinados a unir esfuerzos en la previsión de los nuevos riesgos? ¿Serán capaces de superar la antigua identidad apoyada en "proyectos de país" para convertirse en actores políticos capaces de responder a la agenda ciudadana de la "sociedad de riesgo"? ¿Podrán liberarse de las reflexiones propias del "mundo sólido" donde la díada "nosotros-ellos" marcaba una divisoria de hierro, adoptando en su lugar la lógica de la cooperación para servir a los ciudadanos en sus angustias cotidianas, detectando el camino de la acción que ponga en valor –actual– los antiguos valores respectivos?

En el mundo que queda atrás mandaba, en gran medida, la historia. En el nuevo manda el presente y el futuro. Es el mayor cambio y el mayor desafío.

Los jóvenes

La particularidad de la situación argentina en la primera década del siglo XXI está dada por la instalación de la cultura cosmopolita y la reivindicación de la fuerte autonomía de las personas, propia de la modernidad tardía y el "mundo líquido", con el retraso en la consolidación de la etapa previa de estado de derecho.

Los jóvenes del siglo XXI, motores dinámicos del proceso social, descreen del compromiso colectivo y el trabajo conjunto en grandes colectividades políticas. Dan por supuesta la vigencia de un mar de libertades que utilizan al máximo, contracara de la lucha por obtenerlas que dieron sus padres en las décadas anteriores, y como reflejo de su misma visión descontracturada de la vida, observan al poder con un dejo de lejanía y desconfianza, sin interesarse en él salvo en cuanto afecte sus libertades.

Ello no favorece la lucha –que sus mayores observan con más preocupación– por la consolidación de los marcos democráticos y republicanos, cuando éstos se debilitan. Sin embargo, intuitivamente respaldan los reclamos ante la violación de lo que consideran derechos básicos y casi "naturales" de los seres humanos: la no discriminación, la vigencia de la igualdad en el trato, la preocupación por el planeta y el deterioro ambiental y de los ecosistemas, la neutralización del calentamiento global, el cuidado de los recursos naturales, especialmente los relacionados con la biodiversidad, la igualdad de géneros, el horror por la guerra y la violencia. Y su libertad personal, que custodian celosamente.

La particularidad de este imaginario joven mayoritario es que no se diferencia, como se hacía en la política de la primer modernidad, entre "izquierdas" y "derechas", sino que es crecientemente confluente hacia ese mundo que consideran sólo posible de vivir abriendo espacios de diálogo, articulación de visiones diferentes tras objetivos puntuales, y generación de consensos. En síntesis, un nuevo "ethos", que se impondrá crecientemente cada día que pasa, al ir ocupando las nuevas generaciones los espacios de protagonismo, poder y decisiones.

Las "corporaciones" y el "neoliberalismo"

Para quienes siguen la marcha de la política con sentido de pertenencia, la sola mención de estos dos colectivos se asemeja a la presencia del Diablo para los religiosos. Corporaciones y neoliberalismo son marcados —sin mucha precisión– como los grandes responsables de todos los males, casi sin matices. Ellos conspirarían contra el poder democrático, buscarían su disolución e impotencia, aspirarían a la reducción del Estado a un nivel ínfimo, propugnarían la derogación de toda clase de normas reglamentarias de la economía e imaginarían al Estado, como mal necesario, encapsulado en sus obligaciones primarias de la seguridad y defensa —cuya "privatización" no descartan totalmente, aunque con ingresos públicos que abonen servicios tercerizados, prestados por empresas privadas-. No prestarían —al parecer-

servicio alguno a la convivencia, y su eventual desaparición no ocasionaría mayores males al bienestar general.

El imaginario colectivo ha aceptado gran parte de esas visiones, que luego de una mirada más amplia deben matizarse poniéndolas en contexto.

La usina ideológica "neoliberal", ubicada en los países de desarrollo avanzado, expresa gran parte de estas afirmaciones. Las grandes corporaciones han sido la vanguardia de la nueva economía. Su despliegue global fue montado en los fenómenos de la revolución de las telecomunicaciones que creó un mercado financiero en tiempo real, el fin del mundo bipolar y la extensión de la Organización Mundial de Comercio que unificó el mercado global y el cambio tecnológico acelerado que permitió nuevas formas productivas en red y el encadenamiento mundial. La consecuencia fue la reducción del poder de la política, al permitir a las grandes empresas evadir el cerco de las fronteras – territorio dominado la política-, abriendo un camino que seguirían luego empresas medianas y por último, las más pequeñas y hasta iniciativas individuales.

Este fenómeno, mirado desde la política, es obviamente disvalioso.

El relato neoliberal señala, como respuesta, sus aportes al avance de la economía y de la humanidad. Sostiene que las grandes corporaciones han permitido la incorporación al mercado a cientos de millones de personas, arrancadas de la pobreza extrema y de su economía de subsistencia milenaria; han generado innovaciones tecnológicas utilizadas por miles de millones de seres humanos en todo el planeta, atravesando ideologías y países; han descubierto nuevos medicamentos que han ayudado a erradicar enfermedades endémicas seculares; han mejorado la calidad de vida y extendido las expectativas de la vida humana; han incrementado exponencialmente el producto global; han abierto sociedades cerradas y ayudado indirectamente a detonar procesos modernizadores que terminaron con feudos políticos inhumanos; han agregado elementos de confort que liberaron tiempo de las acciones rutinarias para destinar a actividades propias de la promoción y la realización personal, especialmente de mujeres.

Estos temas, todos sujetos a calificaciones diversas desde los diferentes posicionamientos de las éticas postmodernas, no se hubieran dado sin ellas. Las corporaciones –dicen, por último- desarrollan su actividad según las normas que establece el Estado, en representación de la sociedad. No hacen normalmente lo que esté prohibido y desarrollan su actividad en el marco de la ley. Las excepciones no son legitimadas ni reciben protección por parte del relato neoliberal, ya que deben ser alcanzadas por la justicia como corresponde a un estado de derecho.

¿Cómo realizar un balance objetivo, que potencie lo bueno y limite lo malo? ¿Es –o debe ser- el "Estado", tal como se concebía en el anterior paradigma, el responsable de limitarlas? Y junto a ese interrogante ¿quién limita al Estado? Porque no debemos olvidar que el Estado, en la realidad, es una abstracción y no es unívoco.

El debate puede ser interminable. Es obvio que el Estado, como expresión política de la sociedad, debe dictar las normas de alcance general que obligue a cumplir con las pautas básicas de convivencia –en relaciones de trabajo, utilización de los recursos naturales, protección ambiental- a que deben sujetarse las corporaciones. Pero ocurre sin embargo que esta afirmación no aclara el fenómeno de la íntima imbricación que suele darse entre las corporaciones y los niveles del Estado que deben controlarlas, la relación personal que se gesta inexorablemente entre el funcionariado público y el funcionariado corporativo, y los niveles de relación entre ambos que puede convertir la aplicación de las normas en una ficción. Esta relación se hace permanente en caso de niveles técnicos-profesionales que suelen razonar en una misma clave con los niveles técnicos corporativos, al punto de conformar una especie de "cooptación" del Estado por parte del pensamiento corporativo, escudado en la justificación de la "profesionalidad". Y suele alcanzar una verdadera sublimación grotesca en los niveles técnicos del Estado que participan en el diseño de la red normativa de la globalización, ese espacio "sin poder" que el verdadero neoliberalismo aspira a mantener como una especie de "res nullius" virtual. El poder corporativo necesita –porque es inherente al nuevo paradigma- la libertad de mercados, de comercio y de intercambio, pero sobre esta necesidad imposta la demanda de un libertinaje financiero sobre el que edifica un crecimiento ficticio que suele someter con lazos invisibles pero más fuertes que un arsenal nuclear a los Estados Nacionales más poderosos.

La política, en su etapa "agonal", es una actividad competitiva. Dentro de la competencia entre proyectos y visiones, los ciudadanos eligen el camino que prefieren. Esa es la base de la democracia. Sin embargo, la democracia política tampoco funciona como los tiempos de la República ateniense. Las campañas proselitistas superaron hace mucho la relación directa entre el candidato y el votante, para ser hegemonizadas por una profesionalidad que atiende desde las imágenes hasta las modas, desde las vestimentas hasta los giros idiomáticos, desde los "relatos" hasta la capacidad de llegada a los medios de comunicación. Todos estos aspectos están apoyados en la capacidad económica, y esta última responde también, en última instancia, al apoyo corporativo. Costosos consultores, encuestas de opinión, seguimientos de opinión pública durante meses —o años-, delineamiento del perfil del candidato estudiado hasta en sus detalles más minuciosos por equipos de comunicadores altamente calificados y diseños de campaña sólo sostenibles por cuantiosos recursos, no pueden obviar los aportes corporativos que serán más o menos cuantiosos cuanto más confiable —o más coincida- con los intereses de quien aporta.

En términos económicos y en tiempos del capitalismo liberal, la competencia era una herramienta niveladora. En tiempos del capitalismo corporativo, de las concentraciones de capital con altos niveles de acceso y promociones públicas específicas, la competencia no existe, o al menos no existe como la imaginan los textos básicos de economía. La consecuencia es que el "Estado" y las "corporaciones" —de obras públicas, de fabricación de bienes de alta tecnología, de obras capital-intensivas como energéticas, petroleras, mineras, prestadoras de servicios públicos tercerizados, las armamentistas en muchos estados, etc.- terminan conformando de hecho un grupo gestor cuyos intereses se confunden, siendo el ciudadano común —que sufre el deterioro ambiental, las condiciones de trabajo, la explotación irracional de recursos agotables, la polución ambiental o hasta las guerras- el que termina víctima de esas complicidades.

¿Puede –o debe- en estos casos condenarse al "neoliberalismo" que suele integrar el discurso corporativo la existencia de estos males? ¿O es más bien un reduccionismo que esconde el análisis más profundo, el que debe incluir el papel del Estado, como actor independiente y autónomo distinto a la propia sociedad civil, dentro de las realidades condenables?

El discurso "corporativo" suele tener puntos de confluencia con el discurso "liberal" –del que originariamente surgió-, pero la mayoría de las veces la práctica corporativa es más cercana a la historia de los relatos estatistas. Las corporaciones piden libertad para fijar precios, para transferir ingresos hacia y desde las fronteras, para utilizar recursos no renovables libremente, para contratar personal sin grandes condicionamientos. Pero también piden concesiones exclusivas con privilegios, autorizaciones especiales de uso de bienes públicos, excepciones a leyes impositivas generales, desarrollo de infraestructuras públicas necesarias para sus proyectos, y "tercerizaciones" de servicios públicos de alcance general a los que pretenden aplicar la lógica del capitalismo liberal en su relación con los usuarios, mientras mantiene la lógica del sector público en sus ingresos. El primer grupo de actitudes tienen una lejana relación con el liberalismo, pero el segundo está claramente relacionado con las prerrogativas del Estado y enfrentan crudamente principios liberales. Sería tan legítimo definirlas como "neo-estatistas" tanto como "neo-liberales".

Los gestores públicos –y los "relatos" públicos- que contratan obras públicas sin transparentar sus procedimientos, con números ocultos, cláusulas secretas en contratos de hidrocarburos, gastos sin rendición de cuentas en empresas públicas que actúan en el mercado, asignación de recursos a finalidades no discutidas en los procedimientos que el sector público requiere para justificarlos –ley de presupuesto, publicidad, rendiciones de cuentas- tienen gran cercanía con numerosos capítulos del relato corporativo, siendo su variable de ajuste, también acá, el hombre común.

Estas características de "lo público" alejado del control directo de las democracias puras está tan alejado de los principios democráticos, como "lo corporativo" está alejado de los principios económicos liberales. De ahí la necesidad de explorar —y potenciar- la acción del tercer sector, el de los ciudadanos, que tienen punto en común con ambos, pero también exigen límites.

Los ciudadanos quieren un gobierno representativo, elegido por ellos pero que rinda cuentas de sus actos y su gestión. Los ciudadadanos desean empresas prósperas proveyendo bienes y servicios de calidad, capaces de incorporar innovaciones técnicas y generar empleos, pero que cuiden el ambiente, respeten leyes sociales y no sobreexploten los recursos naturales no renovables.

La acción ciudadana, entonces, debe actuar "desde afuera", pero la eficacia del sistema reclama también acciones "desde adentro", tanto del Estado como de las corporaciones. Es imperioso someter a crítica y reelaborar la ética corporativa y su reglamentación legal, tanto como la ética pública también con su reglamentación legal de cara a los nuevos fenómenos y peligros. En ambos casos, la transparencia, la normatización de comportamientos y su absoluta sujeción a la ley serán los mecanismos de limitar sus tendencias desbordantes y potenciar sus efectos positivos en la vida social.

La retracción de los ciudadanos hacia sus luchas y motivaciones personales y hacia su acción pública a través de las redes, o en "causas" diversas que trabajen en el amplio espacio de la sociedad civil como ONGs, asociaciones, o la infinidad de formas asociativas que se dan en el complejo escenario de la realidad, es la forma de reclamar y exigir esa información, esa transparencia y esos límites.

La política debe asumir positivamente su coexistencia con estas iniciativas, tan interesadas en el mejoramiento de la convivencia como los ecos de las justificaciones originarias de los relatos políticos democráticos.

Si bien, como se ha dicho, las fronteras de las sociedades y Estados Nacionales se reformularán con una debilidad de las competencias tradicionales apegadas a la geografía, tendremos Estados Nacionales para rato: son las únicas organizaciones con legitimidad para disciplinar conductas en un momento en que el denso proceso de cambio global abre grietas de indisciplina y surgimiento de delitos desconocidos, que tienden a convertir la convivencia en un infierno.

Nadie llegará como los Estados Nacionales para proteger a las personas comunes en el limitado alcance de su hogar y su aldea. Ni los mega-equilibrios armamentistas, ni las luchas antiterroristas, ni los nuevos sistemas de seguridad global, podrán ser eficaces sin apoyarse en la fuerza disciplinante de los Estados y sus policías. Por supuesto: a condición de que efectivamente lo hagan.

La reconstrucción del Estado es central en esta etapa y debe hacerse sobre bases homologables con las exigencias globales que coinciden con los objetivos del proyecto modernizador en el país, entre los cuales se destacan dos: el estado de derecho y la vigencia plena de los derechos humanos. Como lo hemos dicho anteriormente, en los últimos años nunca los objetivos del Preámbulo han sido un compendio más actualizado de las demandas de la coyuntura, aun asomándonos a la segunda modernidad y el mundo cosmopolita: hasta el reconocimiento de los derechos humanos con alcance general, ya a mediados del siglo XIX, por encima de las identidades nacionales, con el llamado a "todos los hombres del mundo", a quienes se les garantiza los mismos derechos que a los ciudadanos.

El resurgimiento argentino, de lograrse, se dará alrededor de un eje programático: la vigencia sacralizada del estado de derecho y de la auténtica restauración constitucional. Y uno político-sociológico: el soporte consensuado de ese proyecto por las fuerzas mayoritarias, en una especie de "renovación del pacto constituyente" que no puede apoyarse en un triunfo electoral sino sostenerse en la sincera y compenetrada convicción de la clara, plural y amplísima mayoría política.

A partir de allí, llega el ingreso pleno en la agenda del siglo XXI, que aunque está presente no está asumida plenamente, con una conducta política que requiere un abordaje reflexivo, cooperativo y abierto al diálogo estratégico. En este segundo escalón se notará la limitación de un sistema político tendiente a la polarización presidencialista para responder en forma adecuada al colorido y fragmentación de los nuevos problemas, que exigirán "coaliciones ad-hoc sin secuelas".

Con este concepto definimos a los acuerdos sobre temas de agenda que atraviesen horizontalmente las formaciones políticas, cosechando apoyos y rechazos en el interior de las mismas fuerzas sin que implique "traicionar" la lealtad o la disciplina, porque las decisiones no alterarán los fundamentos del sistema social y político.

Será imposible formar coaliciones catalizadoras permanentes, por el cruce de intereses de personas que según su interés, ubicación circunstancial u opinión en el tema en debate pueda coincidir en ciertos temas con una de las coaliciones, y en otros con la otra. Esta realidad será más compatible con un sistema parlamentario que permita a los ciudadanos con vocación de participación en el escenario político su "especialización" en temas que generen una reconstrucción del vínculo de interés con la población. Sin embargo, ese tránsito es inviable en un escenario atravesado por un ethos competitivo al extremo de la negación del adversario, que no es sólo el resultado de la decisión de los protagonistas políticos sino de un fuerte enraizamiento en la cultura política de la sociedad. Antes de llegar a un sistema parlamentario, será necesario aprender a tolerar los acuerdos entre diferentes sin demonizar el diálogo, las "acuerdos ad-hoc sin secuelas".

Estos temas, aún con su conflictividad, no debieran rozar siquiera la vigencia de los cimientos del sistema, los construidos en el primer escalón, centrados en la sacralización de las normas constitucionales básicas tanto referidas a la distribución del poder entre los ciudadanos y los estamentos públicos, como los procedimientos y límites de éstos último al momento de formar decisiones y aplicarlas.

La reforma política para parlamentarizar el sistema se impondrá en algún momento –seguramente no cercano- por razones de eficacia de gestión. Hasta que se logre, la cultura de las coaliciones debe ser el paso intermedio para limitar el presidencialismo exacerbado de las prácticas argentinas, que tiende a la polarización y a la neutralización recíproca.

Esa cultura, junto a la devolución de recursos –y en consecuencia, de posibilidades de acción- a los niveles sub-estatales (provincias y municipios) deberá poner a prueba la capacidad de definir prioridades y conformar acuerdos, que incluyan responsabilidades de gobierno y cuotas de poder entre los participantes de las coaliciones, pactados al conformarlas. Lo que ha resultado incompatible con la democracia ha sido el presidencialismo excluyente, en el que la figura presidencial resulta depositaria de la suma virtual del poder público y concentra en sus manos no sólo las facultades que le da la ley suprema, sino las que ha recibido y recibe por la ilegítima delegación del Congreso, las que ha asumido "motu propio" a través del tiempo, e incluso las que ha ido concentrando por la práctica política continuada.

Si en el primer escalón es imprescindible el consenso férreo de las fuerzas políticas, en la agenda de la segunda modernidad, por el contrario, lo más importante es canalizar la diversidad de los enfoques ciudadanos, a fin de reforzar la representatividad y eficacia del sistema.

Sin embargo, la práctica política deberá girar hacia la capacidad de "interpretar", en términos de Zygmund Bauman, los intereses, necesidades, aspiraciones y visiones de los diferentes colectivos que deben convivir, en forma que poder hacerlos compatibles con otros y permitir no sólo la coexistencia sino la cooperación. De "legisladores" a "intérpretes", diría el filósofo-comunicador polaco , asumiendo un cambio de roles que la segunda modernidad impone a los viejos "diseñadores de la sociedad ideal" nacidos con la ilustración, cuando era necesario pasar por encima de la fragmentación y las jerarquías estratificadas de la sociedad feudal para reemplazarlas por la ley de alcance universal, y que llegaron hasta los experimentos totalitarios del siglo XX que suponían que desde el Estado podía diseñarse la sociedad ideal. La "agenda", que en algún momento estuvo en manos exclusivas del poder, se ha ido desplazando hacia la propia sociedad. Junto a las iniciativas del poder, aparecen las exigencias de colectivos cada vez más diversos, y aún de iniciativas de personas individuales interactuando, o de la propia evolución de la economía y sociedad crecientemente globalizadas.

Hoy, el papel del político –y del intelectual- es a la vez más humilde pero más enriquecedor: no se trata de construir una "ideología" con la propia utopía, con la pretensión de imponérsela a los demás, herencia del mundo "sólido", el pensamiento cerrado y los proyectos totalizadores. Se trata de lograr, con la herramienta de la reflexión, articular la convivencia de tantas utopías como seres humanos existan, sin pretender imponerle a cada uno la utopía general sino garantizándole la libertad, las herramientas educativas y económicas, el piso de ciudadanía y la solidaridad como para que cada uno pueda construir su vida según sus ilusiones, sus creencias, sus deseos y su vocación gregaria.

De esta forma, la política será compatible con todo el colorido de la militancia social, en lugar de verse como rival de las "ONGs" y de las nuevas formas de trabajo solidario por las causas más diversas. Reconstruirá la representación por sobre los peligrosos fenómenos de la "antidemocracia" que estudiara Rosanvallon, o la reacción instintiva del reclamo "que se vayan todos", que renace en muchos ciudadanos ante cada problema que lo supera –porque requiere acción pública, política y estatal, como la inseguridad- y para el que no ve ni encuentra respuestas adecuadas en los discursos ideologizados que explican los fenómenos desde distintas ópticas, pero que no los solucionan. En el mundo de la primera modernidad, los ejes convocantes a la participación política tenían características totalizadoras. Democracia frente a autoritarismo, sector agrario frente al industrial, trabajadores frente a la burguesía. Independencia nacional frente a vínculos de dominación externa. Como tal, demandaban de los ciudadanos una identificación plena, una especie de delegación de su identidad, que se integraba en la homogeneidad de su partido, su sindicato o su ideología.

La segunda modernidad no exhibe la misma linealidad. Es compleja, su entramado es denso y entrecruza fronteras superpuestas, no alinea en forma totalizante a determinados intereses frente a otros, e impone un cambio cultural –en la teoría y en la praxis- incompatible con "o lo uno, o lo otro" de la primer modernidad, instalando en su lugar "lo uno, y también lo otro" del paradigma cosmopolita, abriendo insospechados espacios de acuerdos.

El desafío de la política en esta nueva etapa es detectar y proyectar ejes convocantes a la participación. Ellos no derivarán más de recuerdos de viejas luchas cristalizadas en la memoria con visiones parciales de enfrentamientos históricos, que pueden funcionar como marcos -cada vez más difusos- de contención, pero resultan escasamente convocantes de las nuevas generaciones, reclamantes de soluciones actuales para problemas actuales.

Frente a este escenario, para quienes siguen creyendo en los valores de la modernidad, de la autonomía de las personas, de la libertad, de los valores intrínsecos de la condición humana y de la responsabilidad transgeneracional de las personas en la protección de la casa común, no hay muchos caminos alternativos a la modernidad reflexiva, con un enfoque cosmopolita.

Esta reflexión colectiva para abordar los nuevos desafíos requiere, por su complejidad, una actitud de diálogo y disposición a la generación de consensos. No sería un mal ejercicio recordar en forma reflexiva los previsores (y plenamente actuales) postulados de la Constitución:

"...Constituir la unión nacional, afianzar la justicia, consolidar la paz interior, proveer a la defensa común, promover el bienestar general y asegurar los beneficios de la libertad para nosotros, para nuestra posteridad y para todos los hombres del mundo que deseen habitar en el suelo argentino..."

¿Cómo se construirán entonces los grandes colectivos necesarios para el funcionamiento democrático y su imprescindible competencia electoral? Es imposible saberlo, sólo arriesgar intuiciones. En nuestro caso, la visión de la política argentina de los próximos años percibe un alineamiento en el que las viejas épicas serán un difuso telón de fondo que alimentará sólo a los viejos luchadores que vayan subsistiendo, pero en el que la convocatoria a los nuevos ciudadanos se apoyará en la competencia por la eficiencia en articular intereses diferentes, el pluralismo para generar acciones comunes desde historias diferentes y la capacidad de incluir en la agenda los temas que interesan a las nuevas generaciones.

El desafío será enorme, porque la "argamasa" que mantenía la consistencia de las antiguas fuerzas políticas –sea ideológica, sea sectorial, sea el recuerdo de épicas pasadas o aún la coincidencia en una "sociedad deseada"- deberá ser reemplazada por la disposición a la búsqueda de acuerdos y la actitud reflexiva, actitud que de por sí carece de la mística agonal de los viejos tiempos.

"Identidades de guardarropa", "pensamiento débil", "prevención de riesgos", son conceptos que en los años que vienen reemplazarán al "sentido de pertenencia partidaria", la "intransigencia en los principios", o los diferentes "proyectos de país" de la política de otras épocas. Seguirán existiendo posiblemente las viejas advocaciones, pero no entusiasmarán a los ciudadanos del siglo XXI, celosos de su autonomía y recelosos de delegarla en nada ni nadie, ni total ni parcialmente. Sólo permanecerán como argumentos de los esqueletos orgánicos y las diferentes "nomenclaturas", pero ni solucionarán los problemas actuales o futuros, ni desatarán el entusiasmo participativo de las generaciones jóvenes.

Capítulo 10 - **Reencontrar la política: el desafío de la segunda modernidad**

El cosmopolitismo consciente es la base para responder adecuadamente, en términos conceptuales, a la demanda por la nueva política.

Sin concientización cosmopolita, sin asumir la imbricación íntima e irreversible de la "sociedad" nacional con la realidad global y sin comprender la dinámica del nuevo sistema económico y político en gestación, arrastrado por el cambio tecnológico, será imposible delinear las bases adecuadas para un renacer de la actividad política consciente.

Destaco "consciente" porque "política" como juego cruzado de lucha por la ocupación del poder existirá de cualquier forma. No será sin embargo una actividad funcional al cambio, ni a los valores perseguidos, ni a la adecuación virtuosa de la "sociedad nacional" o lo que quede de ella con el paradigma global. Será en el mejor de los casos un nuevo ensayo-error y en el peor una nueva coartada para proyectos personales o grupales de naturaleza diversa. Su imagen se parecerá a una obra de teatro cuya trama sepia se ubique en el mundo de hace décadas.

¿Qué espacio queda entonces para la política nacional en la segunda modernidad?

El punto de partida son los valores de la modernidad. En el esquema del "cuadro de posibilidades" ofrecido por Beck sobre la ecuación de cambio, toma partido por priorizar los objetivos axiológicos por sobre las construcciones instrumentales existentes.

Esta propuesta tiene en claro que defender las estructuras en forma acrítica puede llevar a negar los valores y que en consecuencia ante el dilema de elegir entre la defensa de los valores o la defensa de las estructuras de la primera modernidad —si así ocurriera en algún campo de acción- opta por los primeros, entendiendo que las segundas son sólo categorías históricas útiles en algún momento para concretar objetivos, pero de ninguna manera trascendentes. Si el propio Estado Nacional, símbolo prototípico del mundo moderno, está sufriendo los embates del cambio y superado por la redistribución de facultades hacia espacios supra, inter y sub estatales, no se explica que no pueda cambiarse la ANSES, la CGT, la educación, el sistema de salud o los propios partidos políticos para mejorar la respuesta a la previsión social, los derechos de quienes trabajan, la capacitación o la mejor canalización de la soberanía de los ciudadanos y la construcción de una sociedad equitativa y libre.

Este punto de partida se dirige a la actualización de los valores y debe integrarse con la aproximación metodológica, que define en última instancia a la política concreta con más nitidez que sus guías axiológicas. ¿Cómo reconstruir el vínculo debilitado entre el ciudadano y la representación –y aún, la propia acción- política? ¿Cómo superar la debilidad de la intrascendencia conservadas por las potestades públicas frente a la dimensión de los problemas? ¿Cómo optimizar la capacidad de acción colectiva y cómo definir los problemas prioritarios en una sociedad pluralizada, cruzada por intereses diferentes, cosmopolitizada en su esencia y compleja en su entramado de vínculos cruzados?

Un cambio de enfoque se ha propuesto como guía para reencontrar la política: el concepto de la sociedad de riesgo global que necesita preverlos, evitarlos, combatirlos. La novedad de la segunda modernidad es la aparición de riesgos de difícil mensura, productos colaterales del éxito moderno y que han sido mencionado antes: la tendencia a la creciente polarización económica, el terrorismo, la violencia cotidiana, la reducción y la inseguridad del empleo, la variabilidad imprevisible de la demanda global y los flujos financieros –con su demoledora influencia en los circuitos económicos locales-, el deterioro catastrófico del ambiente, la inseguridad biológica, la expansión de la inseguridad existencial, la proliferación de armas de destrucción masiva, la banalidad del terror, la presencia constante de la violencia imprevisible. Todos ellos son atravesados por la construcción del nuevo paradigma global, la debilidad de los Estados, la mayor autonomía de los ciudadanos y la ausencia de instituciones y normativas globales.

Este enfoque propone reelaborar la acción estatal –y en consecuencia, el realineamiento político- a partir de los riesgos existentes que se perciban y de los peligros a evitar. Supone respetar fuertemente la autonomía de los ciudadanos –ciertamente, más que en la primera modernidad- pero además de ofrecerles acuerdos político-cooperativos para perseguir objetivos "positivos", siempre provisorios ante una realidad cambiante al estilo de las "plataformas" de los partidos de la política tradicional, les ofrecerá organizarse para prevenir determinados riesgos que hagan más tolerable la inseguridad general o la erradiquen, según los requerimientos más fuertes de los ciudadanos. En esta reflexión, la "seguridad" no es identificada sólo con la seguridad personal, sino con la seguridad jurídica, la seguridad empresarial, la seguridad laboral, la seguridad de permanecer incluido en el sistema formal, la propia seguridad de comer todos los días y hasta de permanecer vivos.

Los resultados de ambos caminos pueden ser similares, pero tienen una diferencia de convocatoria sustancial: permiten "comenzar de nuevo".

La indagación sobre la agenda y la reflexión sobre la praxis no estará determinada por la tributación en viejas construcciones ideológicas, sino en los problemas concretos del momento. Este requisito no es un simple capricho instrumental o una singular epifanía intelectual, sino una herramienta para ampliar la convocatoria a viejos rivales, cuyos intereses hoy pueden coincidir en los temas del presente aunque tengan sobre el pasado –y sobre la visión del mundo, sus convicciones filosóficas y el rol de la humanidad sobre la tierra- posiciones diametralmente opuestas. Y por sobre todo, responder a las expectativas de los ciudadanos.

El método de convocar por los riesgos a enfrentar permite coaliciones coyunturales entre rivales, muy difíciles de instrumentar desde el enfoque de los valores compartidos o las viejas luchas de izquierdas contra derechas, radicales contra conservadores, o peronistas contra radicales.

El primer paso es definir cada objetivo a lograr. El segundo es agregar reflexión, con visión y perspectiva cosmopolita. El tercero es imaginar la propuesta concreta, elaborarla, procesarla intelectual y participativamente en forma equilibrada y objetiva. El cuarto, convocar a la acción conjunta y articular esfuerzos transversales para concretar el objetivo.

Una conclusión surge de inmediato: es imposible otorgarle a este renacimiento de la política una épica romántica. La política de la segunda modernidad es incompatible con la acción revolucionaria de los siglos XIX y XX, la praxis guerrillera, el heroísmo que reemplaza la acción colectiva y tranquiliza la conciencia mediante el expediente más seguro de una adhesión simplemente emocional a un liderazgo. Pero la otra conclusión también es terminante: es un camino que respeta la autonomía ciudadana, que no fuerza convicciones, que no obliga a renunciar a valores para trabajar por propósitos urgentes y que deja abierta la prosecución de la utopía individual, que seguirá por su propio camino en cada uno de los ciudadanos sumados en las diferentes causas.

La búsqueda de la política por el camino de la acción contra los riesgos desplaza la indagación sobre la acción colectiva, desde el campo de los valores al campo metodológico. Ello es funcional a la fragmentación de la segunda modernidad, cuya característica es la expansión virtualmente infinita de las aspiraciones y motivaciones humanas, su entrelazamiento y entrecruzamiento en una red densa e inasible de intereses afines, diversos, contrapuestos, desestructurados, desalineados.

¿Cómo "agrupar" en una misma fuerza política, por ejemplo, a quienes se motivan por la lucha contra la extinción de las ballenas, con quienes lo hacen con una causa tan diferente como la igualdad de género? ¿Es que debe ser un requisito imprescindible para unos coincidir con la propuesta que, en el otro campo, hacen otros? ¿Qué decir de quiénes tienen la aspiración de la mayoría de edad a los 18 años, frente a quienes sostienen que ello debe mantenerse como está, o cambiarse a los 16? ¿Se les exigirá a quienes tienen esa preocupación que participen en partidos diferentes, aunque para ello deban unirse a quienes sostienen una posición de liberalización del aborto, con la que no se coincide? ¿Y qué deben hacer quienes sostienen la posición anti-abortista, pero a la vez defienden la internacionalización de la defensa de los derechos humanos a un plano supraestatal?

Y la pregunta suprema: ¿es el arcaico y premoderno culto a la personalidad, transformado en el moderno "liderazgo" personal, la respuesta adecuada al interrogante sobre la argamasa que unifique intereses tan diferentes?

Las preguntas pueden continuar hasta el infinito, en un abanico tan amplio como la propia diversidad de la reflexión humana, ampliada por los nuevos tiempos aún más al escenario planetario. El resultado no puede estar más alejado de las concepciones "sólidas" de la lucha de clases, la acotada definición de las "alienaciones", o la "planificación estatal" de determinadas actividades humanas. Si no fuera una falta de respeto, podría sostenerse que esa pretensión suena simplemente ridícula, frente al grado de autonomía que las personas han recuperado para sí ante el crecimiento de sus posibilidades de comunicación, interacción y debilitamiento del poder de los Estados, o sea, de la "política".

¿Sirve aún, entonces, la política, o su interés se ha reducido a quienes escuchan nostálgicos ecos de batalla que llegan desde la historia —antigua o reciente- despertando escasos espíritus aunque también novedosos recelos? ¿Es posible aún la acción colectiva para mantener el ideal de la ilustración, de arrebatarle al "destino" o a las fuerzas religiosas, del azar o de la propia naturaleza la capacidad humana de escribir la historia?

Como está dicho, Bauman cita a Beck: en la segunda modernidad, las contradicciones sistémicas apuntan a tener soluciones biográficas. En otras palabras, en el mundo que vivimos —y cada vez más en el que viene- la historia dejará de ser una acción colectiva y habrá tantas como seres humanos procesando sus "políticas de vida", que reemplazarán a "la política", a secas, tal como la conocíamos.

Pero la cita no es vacía, sino plena de crítica. La mencionada indignación de Bauman ante esta propuesta, calificándola de "oxímoron", muestra su resistencia a mediatizar viejas convicciones de izquierdas, alegando que es una quimera pretender que desde las biografías individuales se sinteticen contradicciones de alcance sistémico. Pero esa protesta -y crítica- no deja de ser una expresión de deseos, porque así es el mundo que se está construyendo.

La reflexión ausente, que sintetizaría la afirmación y su crítica, es asumir la condición inconclusa de la modernidad. Culminar las tareas de la primera modernidad es la última clara acción política que requiere el esfuerzo colectivo. Ello significa nada más ni nada menos que lograr el afianzamiento del marco político normativo en el que los seres humanos puedan construir sus biografías, desarrollando sus "políticas de vida", con la seguridad de no ser avallados en sus derechos básicos por ninguna concentración de poder ubicada al exterior del sistema, o por encima de las normas —nacionales, regionales, globales- dictadas por procedimientos homologables.

Tenemos entonces un primer cartabón: si bien es cierto que la sociedad a la que nos dirigimos pareciera dejar en cada persona la libertad de construir su destino, también lo es que ese paso es el siguiente a uno previo: la racionalización de la convivencia en un marco jurídico —de vigencia y aceptación cosmopolita- apoyado en el respeto a los derechos humanos, considerados en su sentido amplio y la creación de instituciones de alcance supra-estatal, regional y global. La lucha por la democracia —local, regional, global- es la última acción colectiva antes de ingresar en el espacio de las "políticas de vida" reemplazando a la acción conjunta.

La democracia debe hacerse cargo de responsabilidades que el viejo paradigma nacional "cerrado" buscaba mediante la extensión del trabajo, tendiendo al pleno empleo. Esa utopía, propia de las sociedades industriales y que la Argentina buscó y medianamente logró hasta comenzar el último cuarto del siglo XX, es incompatible con el mundo de la segunda modernidad y por lo tanto es imprescindible encontrar los mecanismos de reemplazo del antiguo trabajo asalariado por otras formas de ingreso, las que deberán incorporarse paulatinamente a las políticas públicas para lograr la inclusión, evitando los efectos más duros de una de las consecuencias inexorables de la nueva realidad: la desaparición definitiva de fuentes formales de trabajo estable.

Y a partir de allí, la siguiente conclusión también parece obvia: garantizados el funcionamiento del sistema democrático, los derechos de las personas, el piso de ciudadanía, la transparencia de la gestión y todos los recaudos de una política madura y homologable, a partir de allí todo lo demás es opinable. Las organizaciones políticas funcionales a ese estadio, el que viene, serán las que con mayor capacidad recepten a ciudadanos con visiones diferentes y generen espacios más eficaces de construcción de consensos, constituida en la nueva tarea de los intelectuales y políticos. Y serán disfuncionales las que insistan en segregar según visiones filosóficas, ideológicas o nacionalistas del mundo que desaparece, ignorando el denso entramado individual – cosmopolita, el respeto a la soberanía ciudadana y la agenda del mundo que viene. Lo valioso será lo instrumental y metodológico, más que los antiguos valores. Pero junto a ello, se impone la definición del contenido ético de la nueva agenda, lo que requiere una actitud de indagación creativa ampliamente superadora de las categorías de análisis vigentes hasta el presente.

Aquí se enfrentan dos propuestas, sin embargo integrables. La capacidad de "interpretar" las visiones diferentes, los choques culturales, la interacción de los nuevos "bordes" e "identidades" traduciéndolas a un lenguaje de consenso, que Baumann propone como la nueva tarea virtuosa de los intelectuales y políticos, frente a la capacidad de articular las acciones para prevenir y enfrentar los "riesgos", que Beck sugiere como metodología de escape a la trampa de los viejos ecos ideológicos proyectados al presente.

Los riesgos tienen su propia conformación, actores, perjudicados y beneficiados. Pueden alinearse con las viejas luchas de ganadores y perdedores, pero también puede ocurrir que no lo estén. En este caso, los valores servirán para definir los compromisos, diseñar los caminos, democratizar las consecuencias y también los beneficios. Porque –no olvidemos- no existen riesgos sin beneficios previos, que suelen estar repartidos en forma desigual por la globalidad inherente a las consecuencias colaterales de la primera modernidad.

No siempre quienes resulten beneficiados de una iniciativa propia de la "primer modernidad" –pongamos por caso, una planta de generación eléctrica de combustión nuclear- reparte riesgos en forma homogénea entre los beneficiados de ese emprendimiento –sus accionistas, sus empleados, sus consumidores y hasta un gran agregado poblacional quizás alejado- y sus afectados. Es probable que la región en donde la instalación esté implantada sufra las consecuencias y los mayores riesgos reales y eventuales, mientras que los beneficios alcanzan a diferentes colectivos no identificados con quienes soportan los perjuicios.

Será necesario imaginar transacciones y compensaciones que equilibren las consecuencias, sin contar para ello con "macro-ideologías" que hayan previsto las respuestas, sino con la humildad del sentido común y la disposición reflexiva. El largo conflicto de Botnia-Gualeguaychú, convertido en un conflicto internacional Uruguay-Argentina es una muestra de la impotencia de los viejos marcos de análisis y de la necesidad de la nueva visión cosmopolita y reflexiva. Las soluciones no pueden ser el regreso a la pre-modernidad –desarticulando la industria, renunciando a la biogenética o limitando el desarrollo- sino la reflexión cooperativa sobre las consecuencias no deseadas, para hacer justas las cargas y equitativos los beneficios.

Un campo diferente, como el de la seguridad, nos acerca un nuevo ejemplo. El alineamiento axiológico de la primera modernidad lleva a las personas a ubicarse frente a un problema complejo y multicausal con pautas interpretativas del mismo problema en otras épocas.

El debate se enciende entre quienes quieren soluciones drásticas "ya", priorizan el orden a cualquier precio y no matizan su posición, por un lado; y quienes atribuyen las causas del problema a los desequilibrios sociales, sostienen la existencia de un determinante formativo en la inequidad social y no aceptan otras propuestas que las del eventual esperado efecto a largo plazo. El debate suele neutralizarse y la consecuencia es la inconsistencia temporal de las políticas.

El método de la sociedad de riesgo, de la reflexión y visión cosmopolita de la segunda modernidad basado en el abandono del debate "lo uno o lo otro" y su reemplazo por "lo uno, y lo otro también" pone el acento en la indagación sobre las causas efectivas –no teóricas o ideológicas- y los efectos actuales del problema y se aboca al diseño de una política con tantas aristas y facetas como sea necesario: el ataque a las complicidades "glo-cales" con las redes delictivas, el fortalecimiento de políticas sociales inclusivas efectivas, la adecuación normativa y su ejecución, el equipamiento y perfeccionamiento de los organismos de seguridad, de recuperación de adictos, de educación, etc.

Diferentes afectados por el riesgo del desborde violento pueden encontrar un continente cooperativo con independencia de sus visiones y convicciones filosóficas. Este escenario cultural enmarca el tránsito desde el paradigma cerrado del Estado-nación hacia la sociedad global.

Una nueva observación debe sumarse entonces necesariamente a esta reflexión para mostrar su "carnadura" real: el compromiso con los sectores económico-sociales dinámicos en la construcción del nuevo paradigma de crecimiento y la nueva vinculación virtuosa del espacio nacional con el espacio cosmopolita. Se ha mencionado antes lo que consideramos los actores centrales de la potencial Argentina exitosa. Esos colectivos son los que debieran conformar el bloque social del cambio, cuyos intereses es necesario articular para desatar su potencialidad creadora y transformadora en el logro de una sociedad moderna, diseñando el inteligente equilibrio entre las transformaciones a realizar y los riesgos a evitar.

Productores agropecuarios, tanto tradicionales como de nuevas producciones, emprendedores, artistas, investigadores científicos y técnicos, productores audiovisuales, creadores, empresarios turísticos, industriales que se propongan formar parte de las cadenas globales de valor, agroindustria de base y de consumo, empresarios de generación de nuevas formas energéticas renovables, son, entre muchos otros, la "punta de lanza" de la Argentina exitosa. Pero también los militantes sociales de la infinidad de "causas" percibidas como riesgos inaceptables por las nuevas generaciones. Son los imprescindibles y a ellos debe requerirse el máximo de potencialidad productiva, garantizándoles infraestructura, reglas de juego, facilidades comerciales, inserción internacional, racionalidad económica, estabilidad fiscal, liberación de trabas burocráticas, apertura al diálogo.

Pero no son los únicos: participantes en ONG's globales con los fines más diversos, desde defensa del ambiente y animales en peligro de extinción hasta médicos sin fronteras; defensores de los derechos de las minorías; trabajadores por la vigencia universal de los derechos humanos; personas que organizan comunidades de base para la promoción económica y social; y así hasta el infinito.

En lo económico, será posible limitar los efectos negativos del cambio hacia el paradigma cosmopolita y los riesgos que llegan con la segunda modernidad mediante una intensa acción de readiestramiento laboral, que tienda a evitar el costo social y la desocupación, pero también con la elaboración de instituciones novedosas que no formaban parte del arsenal de la primera modernidad, como el ingreso ciudadano universal separado de la obligación laboral. Y una regulación en el funcionamiento del sistema económico, especialmente el financiero, basado en instituciones sólidas y reglas de juego estables, marginadas cuidadosamente de la discrecionalidad política.

La reconversión económica y la llegada de la segunda modernidad no debe tener como costo a personas excluidas del sistema por pérdida de su trabajo o inundadas por la incertidumbre, sino al contrario: debe acercar los frutos del progreso científico técnico al acceso de todos. Es contradictorio escuchar el gigantesco aporte a la riqueza de la humanidad que ha significado el escalón globalizador, y a la vez que los cambios producidos en las sociedades amplían la pobreza de muchos de sus integrantes.

En este papel, la obligación central es de los poderes públicos, que deberán planificar y concertar con los sectores privados la construcción de la red de seguridad en empleo, educación, vivienda y salud, cuya construcción no puede detener el salto económico y productivo, sino al contrario, articularse en forma armónica con el objetivo de integrar el país al mundo global en forma virtuosa sobre una base ética innegociable: los seres humanos, quienes deben ser sus beneficiarios finales.

Parece claro que el bloque dinámico del nuevo crecimiento debe incluir a las "semillas" mencionadas. Pero el complejo propositivo debe completarse con los mecanismos de inclusión para aquellos que no pertenezcan, en principio, a esos sectores dinámicos. En una sociedad con tradiciones populistas seculares y un enraizamiento tan profundo de la cultura rentística, como la argentina, sería ingenuo imaginar que las formas de la "autogestión", modernización, o autoempleo surjan solas y que con simplemente abrirles el camino se solucionarían los problemas sociales. Por el contrario, en el imaginario cultural de grandes sectores argentinos el rol de lo público se concibe como un distribuidor justiciero, mientras que la responsabilidad individual sobre la propia vida tiende a volcarse en terceros -el Estado, el sindicato, la empresa, enemigos externos-.

Para lograr la estabilidad social que permita la vigencia sin sobresaltos del estado de derecho, pero además por una obligación ética de solidaridad, es imprescindible prever esos mecanismos de inclusión diversos, comenzando por la implantación autosustentable por disposición legal del ingreso ciudadano a la niñez, idea que en principio pareciera concitar respaldo de diversas fuerzas políticas, aún a pesar de su utilización proselitista por el oficialismo.

Para más adelante habrá que explorar otras iniciativas, como los mencionados trabajo cívico -que permitirá valorar trabajos realizados en el tercer sector, en el hogar, en la ayuda social, etc., con remuneración dineraria- o la más revolucionaria institución del ingreso ciudadano universal, destinada a otorgar a todos un "piso" de ingresos compatible con cualquier otro ingreso autónomo, empresarial o en relación de dependencia, que expresará la búsqueda paulatina de la igualdad de puntos de partida y oportunidades, la plataforma que la sociedad garantiza en forma igualitaria a todos quienes viven en ella. Este "piso" de ingresos ayudará a cerrar el eterno debate sobre los subsidios a los bienes públicos –desde el agua hasta la electricidad, el gas y el transporte-, ya que concentrarán en la disposición del titular del ingreso básico universal el gasto personal al que desea destinarle más recursos, sin que sea el Estado el que se lo determine en forma forzada, afectando la sustentabilidad de la provisión de esos bienes.

Esos mecanismos deben buscar emancipar a los ciudadanos del clientelismo, a la vez que abrir el camino hacia instituciones de la segunda modernidad y a la creación de ciudadanía, así como una base de demanda estable que actúe en forma contracíclica y neutralice las consecuencias más extremas de los ciclos económicos.

Tanto el primero como el segundo propósito -la modernización económica y la inclusión social- motorizarán el realineamiento político, cuyos ejes convocantes estarán alejados de las etiquetas del siglo XX. Lo más probable es que en las diferentes fuerzas, antiguos dirigentes y militantes de los viejos alineamientos se reagrupen en función de los nuevos desafíos. Y que sus diferencias en el tratamiento de los temas de agenda no sean tan amplias.

El renacimiento de la política deberá responder además a un desafío aún no saldado en el debate universal: la recuperación del interés de las nuevas generaciones. Tanto la reelaboración de la agenda como la reformulación de las prácticas políticas son capítulos decisivos para captar la atención de las generaciones que han llegado al mundo ya insertos en la revolución tecnológica. Ellos están impregnados de un "espíritu de época" totalmente diferente a la de la mística "insurgente" y "contrainsurgente" de los años 60 y 70 del siglo pasado, a la de la ola democratizadora de los 80 y la liberalizadora salvaje de los 90. Su agenda es otra y también su lenguaje.

Los nuevos desafíos tienen pocos puntos de contacto con las épicas banderas de otras décadas. Las nuevas generaciones, percibiendo consciente o inconscientemente este desfasaje, se niegan a entusiasmarse en un espacio público que hoy le ofrece como escenario tramas y relatos que sabe superados. Es cierto que muchos de esos jóvenes viven en la marginalidad, pero muchos otros no. Se resisten a caer en la evasión de las adicciones, se esfuerzan en su capacitación en Colegios y Universidades, ayudan a sus familias –aún los más pobres- repartiendo pizza en patinetas o acompañando a sus padres a recoger cartones y están decididos a pelear la vida sin dejarse vencer.

Los jóvenes que se apasionan por las comunicaciones, los juegos en red y la música en formato digital, que son conscientes de los peligros del deterioro climático, que saben que el trabajo estable desapareció para siempre, que sufren la violencia cotidiana y la inseguridad de la sociedad de la incertidumbre y del riesgo convertidos en acompañantes crónicos, toleran cada vez menos las voces impostadas de los discursos sabios y se encierran en la defensa de lo que perciben más vital, más inmediato, más importante, porque viven el mundo de lo efímero. No quieren la violencia, no admiten la prepotencia y sienten visceralmente la igualdad de sus derechos en libertad, sin tolerar la discriminación, cualquiera sea.

Son cosmopolitas. Saben por experiencia directa que no existe chance en el aislamiento. Lo aprendieron con la música que consumen, con los teléfonos celulares por los que dejarían todo, por los videoclips y las señales audiovisuales que siguen con pasión, por los videojuegos de mercado universal, por los softs que utilizan para navegar o comunicarse, por el deterioro climático que atraviesa fronteras con la proliferación de sequías, inundaciones, tsunamis, huracanes, de los que están al tanto en tiempo real. Una política que no comprenda sus visiones, sus cosmogonías y su espíritu no los atraerá.

Es previsible que –como ocurriera en los paradigmas anteriores- las fuerzas políticas expresen diferentes mixturas de objetivos puntuales, adecuadas a las demandas de cada coyuntura, pero que exista una coincidencia de fondo en la estrategia modernizadora. Sus estilos internos, su capacidad de articulación de consensos entre intereses diferentes, la eficacia y vigencia de su institucionalidad interna, el respeto a sus normas de convivencia, debate y decisión, su amplitud y flexibilidad para incorporar los nuevos temas de agenda, serán más importantes que sus símbolos, marchas o íconos históricos.

Las ventajas políticas parecieran estar, en este nuevo escenario, del lado de aquellas organizaciones partidarias "de amplio espectro", con vocación inclusiva y que faciliten la participación, el debate y la construcción de consensos sobre políticas específicas. Las unirá lo metodológico, más que la épica de pasado, aunque ésta mantenga su atractivo romántico como fondo difuso.

En la Argentina, casi naturalmente surge la ubicación preferente del radicalismo y el peronismo por sobre las ofertas "ideológicas", aunque adecuados a las nuevas realidades y depurados de sus aristas más cortantes, sus "durezas" conceptuales y sus restos dogmáticos en el caso del radicalismo, y sus complicidades corporativas y relativismo ético por parte del peronismo.

En ambas cosmovisiones, las utopías de ingeniería social heredadas del siglo XX deberán reemplazarse con programas de acción que reemplacen la pretensión de disciplinar a los ciudadanos en plexos ideológicos forzados, por planes reflexivos de acción pública en aquellos ámbitos alrededor de los cuales se libere la capacidad de crecimiento y se establezcan mecanismos de inclusión: infraestructuras programadas de larga duración, educación, salud pública, seguridad, nuevas formas de políticas de ingreso, homologabilidad internacional, y reglas de juego imparciales, sólidas y permanentes.

La cultura abierta de la posmodernidad no condena las ideologías y respeta el derecho de cada uno a creer en la que desee, pero no de imponérsela a los demás, y mucho menos desde el poder.

¿Significa que no habrá lugar para nuevas organizaciones políticas? Todo lo contrario. Pueden existir muchas, incluso predominar. La dinámica del futuro es inescrutable y las personas construirán sus categorías históricas según sus necesidades, entre las que no hay que descartar la fuerte demanda social por la conformación de grandes alianzas en condiciones de generar tranquilidad e imagen de poderío de respaldo y gestión.

Los propios partidos históricos tienen potencialidades, pero también debilidades. Están teñidos por islotes de durezas ideológicas, épicas sobrevaluadas y complicidades corporativas que darán batalla y persistirán en la lucha por el mantenimiento de esas fuerzas como partidos de la primera modernidad. Si ello ocurre, serán superados por nuevas experiencias, que aunque enfrenten el desafío de una construcción "desde cero" tienen a su favor, tanto la penetración de las nuevas tecnologías de comunicación que aceleran tiempos y achican espacios, como el cambio imperceptible pero inexorable hacia el cosmopolitismo.

La exitosa perfomance que han tenido en la Argentina de comienzos del siglo XXI las experiencias del PRO –llegando a la administración del distrito urbano más importante, la Capital Federal-, la Coalición Cívica –que llegó a posicionarse en el 2007 como la segunda opción electoral del país-, el Frente Amplio Progresista en la elección presidencial del 2011 y el propio Frente Renovador en la consulta del 2013 indican la vitalidad y la búsqueda constante de los ciudadanos por su mejor expresión política.

Estos casos presentan particularidades. El PRO, desarrollando una propuesta fuertemente pragmática apoyada en su búsqueda de eficiencia en la gestión, especialmente demandada por la prioridad local y urbana de su principal base electoral. La Coalición Cívica, por su parte, caracterizándose por su relato de base ética y su diseño, superador tanto del "ancla territorial" de la modernidad temprana, como del "gigantismo estatal-corporativo" al uso en la modernidad tardía, obtuvo en la elección presidencial del año 2007 una excelente performance. Su desgaste posterior puede vincularse a su excesivo personalismo, que diluyó la sintonía entre su discurso y la agenda que los ciudadanos requieren al espacio público. El FAP, por su parte, se inscribe en la secular búsqueda de la mirada de "centroizquierda" por abrir un espacio independiente de los grandes partidos y el Frente Renovador en la intención de dirigentes peronistas en búsqueda de marcos de ampliación, preocupados por la excesiva cerrazón del oficialismo "K". Una especie de "neo-radicalismo", por un lado, y de un "neo-peronismo" por el otro, testimonian las fuertes corrientes político-culturales que subyacen, adoptando diferentes etiquetas políticas, en lo profundo de la sociedad argentina: la que privilegia la construcción democrática republicana como prioridad de la convivencia, y la que privilegia la mayor discrecionalidad del poder para enfrentar los temas concretos de la agenda cotidiana, sin resaltar en forma especial su respeto a las normas.

La búsqueda de las nóveles fuerzas está indudablemente más a tono con la fluidez, la complejidad y el dinamismo de las nuevas formas y actitudes de las personas en su vida de relación. Aún el asombroso renacimiento del radicalismo luego de la "batalla del campo" y el "voto de Cobos" –primero- y del reconocimiento popular al legado dialoguista de Raúl Alfonsín –luego- respondió a similar búsqueda ciudadana, tanto como su posterior implosión al alejarse de esta representación y privilegiar el funcionamiento interno de sus conflictos "de aparatos", propio del viejo mundo "sólido" que lo había conducido a su previo retroceso.

En todo caso, el "arte" de la política será saber articular las viejas y nuevas adhesiones emocionales –que terminan imponiendo su atracción para los comportamientos gregarios- con las demandas de eficiencia en la gestión de los asuntos públicos, tras convocatorias simbólicas en las que las características personales, aún mediatizadas por la madura capacidad organizativa y el debate colectivo, seguirán teniendo importancia para definir los liderazgos, como aglutinantes de las características demandadas en cada etapa.

Las viejas ideologías serán un difuso telón de fondo, las experiencias compartidas seguramente afianzarán los lazos de solidaridad grupal, los mecanismos participativos darán representatividad a las opciones, pero al final todo ello, que es imprescindible, deberá ser, como ocurre en todas las sociedades, catalizado por liderazgos que sepan contener y proyectar esas características en cada coyuntura.

La construcción de sanos liderazgos democráticos en el marco de partidos políticos y grandes frentes o acuerdos acordes a los nuevos tiempos es, quizás, la gran asignatura pendiente de la democracia argentina y el desafío más importante a la capacidad de los dirigentes políticos que deberán incluir entre sus virtudes, cada vez más, la conciencia de sus límites y la temporalidad inexorable -y saludable- de su representación.

Es tan cierto que una buena política requiere equipos partidarios como que no existe sin liderazgos que catalicen la opinión pública, interpretando las demandas de cada coyuntura y ordenando su agenda de cara al rumbo estratégico. Liderazgos sin partidos que puedan conformar equipos de gobierno eficaces están condenados a ser efímeros y sus eventuales gestiones, posiblemente impotentes. Partidos sin liderazgos que catalicen el entusiasmo público, alineando la agenda coyuntural y corporizando el compromiso político, están condenados a ser testimoniales.

Como siempre, el futuro está abierto. Lo construiremos los seres humanos, en forma colectiva y en forma individual. Quizás el propio futuro sea la suma de "soluciones biográficas a contradicciones sistémicas".

Esas soluciones biográficas escritas por personas sin alienaciones mayores estarán más cerca de concretar la visión de Marx (quien sostenía que terminada la prehistoria plena de alienaciones, comenzará la historia de la humanidad liberada) que la de Fukuyama (que ve al capitalismo liberal democrático como el fin de la historia, la llegada a la "meta" kantiana de la república democrática federal), aunque en lo profundo ambas coincidan: hombres libres en un mundo libre, viviendo libremente su búsqueda de felicidad. Cuya definición estará, libremente, no en las construcciones totalizadoras del viejo Estado y la vieja política, sino en la construcción de cada historia personal según su experiencia de vida, sus afectos y sus convicciones sobre el sentido de la existencia.

Desde esta perspectiva, el mensaje es la tolerancia, en línea con el "pensamiento débil" que sabe tolerar las diferencias desde posiciones alejadas del comportamiento dogmático y convivir en la pluralidad de culturas complejas y en reformulación constante. "Dialoguemos más los argentinos", aconsejaba Alfonsín en su último mensaje del Luna Park. El viejo estadista, que conoció el país como pocos y recorrió el abanico de enfoques de sus compatriotas sobre sí mismos, incluyó en su último mensaje la regla de oro de la política más avanzada de su tiempo: diálogo, más que confrontación.

El diálogo, que "construye comunidad" sobre la base de reconocer la condición humana del adversario, termina siendo la síntesis entre el abrazo a las convicciones de cada uno, con el respeto imprescindible hacia las convicciones del otro, buceando comunes denominadores que permitan hacer posible la vida en común.

La regla de oro de la nueva política termina siendo la cooperación.

Apéndice

La política en los años que vienen

¿Tiene futuro el radicalismo?

Los partidos políticos son categorías históricas, formas organizativas destinadas a cumplir una necesidad de la convivencia social: organizar la toma del poder y su ejercicio.

Luego vienen las adjetivaciones: ideologías, principios, valores, representaciones sectoriales, utopías, selectividad de sectores a representar; pero todas estas categorías que podríamos llamar "adjetivas" califican su definición antropológica principal y básica: organizarse para llegar al poder y gobernar.

Esta afirmación no es una creación intelectual sino una categoría social. Así lo entienden las personas, consciente o inconscientemente. Los ciudadanos, aun adhiriendo a una u otra de las adjetivaciones, sólo cotejarán sus adhesiones entre las ofertas que cumplan con su requisito básico, decisivo en la más elemental etología humana: estar en condiciones de llegar al poder, y de ejercer este poder en forma eficaz.

Unirse sólo por las visiones ideológicas o los valores compartidos será un saludable ejercicio de diálogo y convivencia, pero si esa unión carece de vocación de llegar al poder y actuar sobre la realidad no pertenece al "campo de la política".

Hoy lo llamaríamos "proyecto político". La propuesta que carezca de él puede incidir marginalmente, darle sabor al debate, resultar más o menos cómoda a los protagonistas centrales, pero sin él, no tendrá consideración de la mayoría de la sociedad como una alternativa a la que concederle el ejercicio del gobierno y el manejo del Estado.

Una fuerza política en condiciones de gobernar es el resultado de una construcción advertida como tal por los ciudadanos, cuyas decisiones incursionan en aspectos que tienen componentes obvios, verificables, pero también otros altamente intuitivos. Algunos se expresan claramente –como la capacidad de articular frentes sociales plurales, abarcar a sectores socioeconómicos diversos, reflejar tonalidades de opinión diferentes conviviendo en una contención previsible a pesar de las diferencias- pero otros resultarán de impresiones que lindan con mecanismos sicológicos más ocultos –la percepción del "carisma", la "simpatía" o "antipatía" del candidato catalizador, la credibilidad de su discurso y de sus valores o la identificación con el espíritu de la época-.

Detectar las prioridades tenidas en cuenta por los ciudadanos para optar en una elección es un desafío que, en las democracias modernas, atraviesa disciplinas diversas. Desde los politólogos hasta los científicos sociales, desde los sicólogos de masas hasta los publicistas, desde los políticos con intuiciones hasta los académicos y economistas, todos agregan componentes a una ecuación que, en última instancia, apunta a detectar la decisión de un instante, individual y cada vez más solitaria, del ciudadano frente a la urna.

Gobernar –se dirá- es otra cosa. Pero también la percepción sobre la capacidad de gobernar es un componente de la compleja ecuación de decisión al momento de votar realizada por cada ciudadano. Un candidato que tenga carisma, un "relato" componedor y entusiasmante, refleje en su discurso las necesidades de amplios sectores ciudadanos y diseñe la forma de solucionar los problemas más acuciantes agregará sin dudas elementos de peso al momento de decidir. Pero si ese candidato no se apoya en una red de relaciones que le brinde al votante la seguridad de que podrá llevar adelante su gestión, que lo ayudará a "domar" a los factores de poder y lo respaldará con la necesaria firmeza en su acción de gobernanza, difícilmente reciba la atención y la adhesión necesarias para el triunfo.

En la historia argentina podemos ver la constante de las alternativas desde que la política comenzó a funcionar, cada vez más masivamente, luego de la organización institucional. Mitristas y roquistas, luego conservadores y radicales, luego radicales y peronistas, fueron los espacios convocantes de diferentes agregados de la opinión pública, a la que se sumaron en el siglo XX las opciones militares. Estas últimas, aunque no participaron del juego democrático-institucional, indudablemente reemplazaron la visión conservadora y en no pocas oportunidades recibieron el apoyo tácito o expreso de numerosos contingentes ciudadanos.

En el juego institucional, sin embargo, siempre existieron dos opciones, dos grandes "frentes político-culturales", en la mejor demostración de que los ciudadanos puestos a votar para elegir gobierno, no aceptan lo que consideran aventuras, o inventos. Sí puede darse el caso —de hecho, en varias oportunidades- de elecciones legislativas que amplíen el colorido de la representación parlamentaria. No ha existido ningún caso en la historia argentina en que el elegido para gobernar no haya contado con una organización nacional que lo respalde. En el último siglo, radical, peronista o eventualmente, militar.

Desde esa perspectiva, el contenido "ideológico" no ha tenido importancia determinante. El radicalismo fue gobierno con Yrigoyen y con Alvear, con Frondizi, con Illia, con Alfonsín y con de la Rúa. El peronismo, con Perón, Isabel, Cámpora, Menem, Duhalde y Kirchner. Difícilmente pueda encontrarse desde lo "ideológico" un hilo conductor coherente dentro de los presidentes de cada una de las fuerzas. Todos, sin embargo, cumplieron con el requisito aludido del sustento de una fuerza nacional a la que los ciudadanos consideraron, en cada momento, suficiente respaldo para confiarle el gobierno, a pesar de que en todos los casos existieron opciones ideológicamente más "puras" que las ofrecidas por las grandes organizaciones: liberales, socialistas, desarrollistas, nacionalistas.

La sensación que deja el sobrevuelo de la historia política contemporánea del país es que, aún con bordes difusos e impregnaciones recíprocas, los dos grandes bloques político-culturales que asomaron desde tiempos del nacimiento del país, a comienzos del siglo XIX, han sido los que han reflejado las grandes referencias de la opinión pública y contextualizado los frentes político-sociales –expresos o tácitos- en cada momento de la historia política. El primero predominantemente organicista y en ocasiones con desbordes autoritarios, y el segundo con una fuerte impronta modernista, democrática-republicana.

La mayoría electoral se ha formado sobre uno u otro bloque, según la percepción ciudadana y las circunstancias de cada proceso y coyuntura.

Ambos han contado siempre con sus alas "izquierdas" y "derechas", más "progresistas" y más "moderadas". Pero ambos han intentado contener a todos los sectores sociales en sus estructuras y sus relatos políticos.

En todo caso, podemos encontrar ecos de sus genes ancestrales en sus conductas y sus reflejos intelectuales. Más "vertical" uno, más "horizontal", otro. Más justificatorio del puro poder, aun bordeando la legalidad uno, más cuidadoso de las instituciones y los derechos individuales, el otro. Pero ambos compitiendo según el espíritu de la época, intentando reflejar mejor los cambios de estilo y de percepción de la opinión pública, y elaborando marcos conceptuales acordes a la evolución de la reflexión política, económica y social del mundo, así como de las demandas de los ciudadanos.

Hacíamos referencia antes a las bases filosóficas con que se auto-definen. "Primero la patria, después el movimiento y luego los hombres", dicen las Veinte Verdades Peronistas (1949). "El radicalismo no se divide según las parcialidades de clases, de razas ni de oficios, sino que atiende al hombre como hombre, con dignidad, como ser sagrado. Por eso para el Radicalismo los fines son inalterables: los de la libertad y los de la democracia para la integración del hombre, así como pueden ser variables los medios porque son instrumentos, y variables son las condiciones sociales de la realización nacional", reza la "Profesión de fe doctrinaria" de la UCR (1947).

Las prioridades —en un caso, privilegiando las abstracciones políticas como "la patria", o "el movimiento", y en el otro apoyando su elaboración filosófica sobre "el hombre"- no le impidieron coincidir en su visión, a mediados del siglo XX, sobre la economía, las políticas sociales e incluso la política internacional. No descubrían nada: lo mismo decían en el mundo los socialismos democráticos, las fuerzas liberales, el marxismo soviético y hasta el derrotado nacionalsocialismo nazi. Era "el espíritu de la época".

El comienzo del siglo XXI encuentra al peronismo adecuándose más rápidamente a ese espíritu de la época. Lo había hecho a fines del siglo XX, al adoptar con el menemismo —en sintonía con la euforia mundial por los mercados globales abiertos, ante la caída del mundo bipolar- las banderas ultra-liberales y privatizadoras, en momentos de su auge. La rapidez en sus cambios no deja de emparentarse con la verticalidad de su funcionamiento, tal vez por la impronta castrense de su fundador. Le tocaría al radicalismo lidiar con el agotamiento de ese modelo y luego su derrumbe, afectando fuertemente su prestigio como alternativa de gobernabilidad. Pero iniciado el siglo XXI, el peronismo, esta vez en su versión kirchnerista, se adaptó rápidamente a los nuevos tiempos reflejando en su relato la urgencia de la integración social, el temor de los ciudadanos ante el mundo global y la crítica al capital financiero que había llevado y aún lleva a todo el planeta a una situación gravemente polarizada y crítica.

¿Definen estos cambios de posición una identidad de doctrina? Nada más lejos. Lo que sí definen es una inteligencia estratégica como fuerza en pugna por el poder, en capacidad de adaptarse a cada circunstancia conteniendo, a su manera, a los diversos sectores. La imagen del 2011, uniendo en un abanico amplio opciones tan diferentes como Carlos Menem y Hebe Bonafini, como Daniel Scioli y Carta Abierta, bajo el liderazgo de Cristina Fernández, muestra esta característica, no muy diferente a la de 1989 unificando bajo el liderazgo de Carlos Menem a ex montoneros, nacionalistas de derecha y la "izquierda nacional", entonces expresada por Jorge Abelardo Ramos para sostener un proyecto —no lo olvidemos- definido por Domingo Cavallo, tan admirado entonces por Chacho Álvarez como por Néstor Kirchner.

Enfrente, el radicalismo se debatió erróneamente en la búsqueda de su "identidad progresista" indefinible, marcando a fuego pretendidas diferencias ideológicas que fracturaron su solidaridad interna y lo aislaron no sólo de su capacidad de convocatoria e imagen de contención a ciudadanos no pertenecientes a sus filas, sino de su electorado propio y de la recuperación de su imagen de organización en condiciones de gobernar.

La verdadera gran diferencia entre las dos vertientes político-culturales que han motorizado la historia argentina radica, a diferencia que en Europa, más que en la identidad "ideológica" como se definió en el siglo XX, en la diferente forma de abordar la relación entre el poder y los ciudadanos.

Poniendo el foco en este tema, comprenderemos mejor la razón por la cual una fuerza exige verticalidad y otra horizontalidad; que unos aspiren a una conducción centralizada y los otros se sientan molestos con el discurso único; que para unos la ley sea una especie de estorbo en el ejercicio del poder y para los otros la ley sea el poder supremo por fuera del cual es inimaginable –y condenable- ejercerlo; que para unos la "lealtad" concebida como alineamiento acrítico con el liderazgo sea sacrosanta, y para otros la libertad de pensamiento y de acción conservados por cada uno limita fuertemente la discrecionalidad del liderazgo.

Y comprenderemos también por qué, en los contenidos de las políticas públicas, ambas fuerzas pueden –y suelen- coincidir o tener en su seno debates similares, en tanto que ambas van respondiendo al espíritu de época y a las polémicas reinantes en el mundo en cada momento histórico.

Entonces ¿tiene futuro el radicalismo?

El mundo cosmopolita y los nuevos paradigmas parecen abrirle una nueva oportunidad. Hay un nuevo protagonismo de las personas, cuyo "empowerment" está potenciado por la interconectividad. Su impronta originaria cosmopolita le permite construir un mayor equilibrio discursivo entre la cerrada visión "nacional" y la necesidad de una virtuosa imbricación global. Su firme identidad democrática hace simbiosis con la exigencia internacional de legalidad para abrir las puertas de la inserción en los espacios plurales donde se construye el entramado legal de la globalización.

Pero el futuro es inescrutable. Sólo es posible apostar a intuiciones. Desde la perspectiva de este trabajo, mientras no se construya otra organización alternativa al peronismo que sostenga un proyecto político que en la percepción de los ciudadanos esté en condiciones de gobernar, ese espacio sigue vacante y el radicalismo tiene posibilidades de cumplir su función articuladora del amplio campo democrático-republicano. Para ello, sin embargo, debería en primer término querer hacerlo, lo que no es un tema menor habida cuenta de las notables rigideces e intolerancias que suelen regir su proceso interno.

La recuperación de la consideración ciudadana exigirá un discurso moderno, una reconstrucción de su capilaridad perceptiva, su presencia constante y militante en el seno de su electorado natural –las grandes clases medias argentinas- y por último, un enorme cambio de su "ethos" de intolerancia frente a quien no integre sus filas o aun integrándolas, piense con matices diferentes.

Discurso moderno significa hacerse cargo de la agenda del siglo XXI, que incluye una percepción cosmopolita en el análisis de la situación nacional y global, la incorporación a su reflexión de los grandes temas del momento como revertir la polarización social, el diseño de nuevas formas de ingreso frente a la extinción del trabajo estable, el compromiso con la preservación del ambiente, el correcto abordaje integral de los problemas de la inseguridad cotidiana, la comprensión y combate a las redes delictivas globales, el disciplinamiento del capital financiero transnacionalizado por un poder supraestatal, la imbricación con la revolución científico-técnica, la elaboración de un sistema de retiros y previsión social sustentable y la imbricación consciente y cuidadosa de la economía nacional en las redes productivas globales.

Obviamente, la incorporación de la nueva agenda no deberá implicar el vaciamiento ideológico de la historia y la visión tradicionalmente "progresista"

–sea lo que fuere que esto quiera decir- de sus cuadros militantes. Al contrario, asumir su responsabilidad de articular un frente de gobierno implica darle a la visión progresista que es predominante en sus cuadros una posibilidad cierta de abandonar su rol exclusiva –y crecientemente- testimonial, para poder concretar en forma cierta, desde el poder, los pasos hacia una convivencia equitativa, con igualdad de oportunidades, respeto a la ley y creciente autonomía personal de los ciudadanos.

Esto no se logrará reafirmando obsesivamente en cada declaración su identidad ideológica con ánimo de exclusión tácita o expresa de quienes "piensen diferente", sino con una actitud de búsqueda permanente de aliados para abonar, batalla tras batalla, la marcha hacia esa sociedad.

Temer a las alianzas es carecer de convicción en los propios objetivos finales. El escenario mundial está plagado de alianzas entre fuerzas de historias y familias ideológicas diferentes, que sin embargo son lo suficientemente maduras como para articular consensos a fin de unir esfuerzos por objetivos definidos y concretos en una determinada etapa, detectando los puntos de mayor demanda ciudadana y sumando inteligencias para abordarlos. Al momento de escribirse estas líneas se acaba de formalizar en Alemania, por ejemplo, una Gran Coalición, en la que socialdemócratas y demócratas cristianos –la izquierda y la derecha germanos- han acordado un período de gobierno compartido.

La obsesión por la autoafirmación ideológica, al contrario, aísla crecientemente el discurso de los temas de la nueva agenda, para la cual cada debate debe indagar respuestas actualizadas cuyas recetas no forman parte del viejo diseño identitario. Temas de convivencia –como el matrimonio igualitario, el enfoque penal sobre el aborto, la muerte digna, los criterios de protección ambiental vis a vis la necesidad de crecimiento económico-; de distribución del ingreso –como nuevas formas de ingreso, el ingreso universal, el trabajo social, o nuevas formas de retiro-; de protección de derechos humanos –nuevos derechos del hombre-; respuestas a la extensión de la violencia cotidiana y a la imbricación con las redes delictivas globales; y tantos otros, requieren una actitud de indagación intelectual y un diseño de acciones propias y alianzas con otras miradas que tal vez no tendrán punto de contacto con las viejas identidades y las antiguas afinidades extrapartidarias. No son subsumibles en la grotesca categorización de "izquierdas" y "derechas", o "estatismo" frente a "neoliberalismo", porque una respuesta eficaz a los problemas a enfrentar seguramente tomará herramientas originadas en una y otra de las viejas visiones.

El radicalismo ha deteriorado fuertemente su vinculación con sus bases naturales, que supo construir en tiempos de la recuperación democrática en los "frentes de masas" de entonces, la Universidad, los gremios, los colegios profesionales y aún los barrios. Reconstrucción de su capilaridad perceptiva y presencia constante en el seno de su electorado natural significa hoy una presencia permanente y comprometida en la infinidad de iniciativas de la sociedad en temas que hacen al mejoramiento de la vida de las personas. "Un techo para mi país", "Red solidaria", "Banco de Alimentos", "Madres del dolor", "Luchemos por la vida", "Médicos sin fronteras", "Vida Silvestre", fundaciones de Microcréditos y de Emprendedores e innumerables espacios de trabajo semi-públicos y no gubernamentales son los nuevos "frentes de masas" de las clases medias. Allí debieran estar también sus militantes, adquiriendo conciencia solidaria, prestigio social, visibilidad personal y compromiso militante. Esa experiencia ayudará a transmitir los nuevos problemas, con sus matices y perfiles, a la construcción de la propuesta y al enraizamiento de un partido moderno y comprometido con la vida social. Esos frentes deben sumarse a los tradicionales, en la conciencia que reflejan a los ciudadanos más dinámicos y más activos en su compromiso con el mejoramiento de la convivencia. El trabajo político en la sociedad real será el alimento vivificante de la renovación de la política y la reconstrucción de la representatividad.

Y por último, un cambio terminante en su "ethos". Un partido que canibalice su vida interna, o que fije "límites" a sus alianzas por durezas ideologicistas fuera de época y de justificación política y que utilice la impostación ideológica como un mecanismo táctico de enfrentamiento entre candidatos o líneas, difícilmente pueda ofrecer a los ciudadanos la imagen de contención plural, de gobernabilidad y de solidez orgánica como para ser considerado una opción de gobierno. Por el contrario, el ejemplo virtuoso de esta construcción está en la historia, aún reciente, del propio radicalismo. Raúl Alfonsín obtuvo en 1983 el respaldo mayoritario encabezando una alianza político-social en la que convocó desde la juventud progresista hasta los partidos provinciales de base conservadora. Aun siendo la opción más clara en el tratamiento justiciero de los crímenes de la dictadura, fue el que recibió más apoyo hasta de la "familia militar". La Juventud de entonces, nucleada en la dinámica "Junta Coordinadora Nacional" y aún en tiempos de fuerte impronta ideologicista reclamaba en sus documentos políticos la conformación de un gran frente que incluyera "a radicales, peronistas, socialistas, conservadores, trabajadores, empresarios, clases medias, hombres de campo, artistas, intelectuales, docentes, amas de casa, unidos también con aquellos militares que honren a San Martín y Mosconi para luchar por la grandeza de la Nación y para derrotar a la peste financiera, a los intereses parasitarios externos e internos, para desmontar el esquema de poder construido por los grupos antidemocráticos, para defender el desarrollo nacional…" ("La Contradicción Fundamental") y el propio Alfonsín pronunciaba en 1985, en Madrid, en su presentación ante la Internacional Liberal, la afirmación reiterada en este trabajo en varias oportunidades: "los radicales somos como los viejos liberales y los viejos socialistas", marcando los alcances del frente político-cultural natural de la identidad radical.

Uno y otro, en sus vocabularios, expresaban la amplitud del potencial votante radical convocado. Un frente social exitoso requiere a todos. Cualquier limitación o autolimitación por exclusiones apriorísticas es, objetivamente, la forma de favorecer al bloque social adversario. Aún en su complejidad, y con todas las dificultades operativas que implica, la única forma de vencer al populismo y volver a avanzar en la construcción democrática es abarcando a todo el arco democrático-republicano.

El radicalismo supo conformar en esa instancia un "proyecto de poder" que superó a su viejo rival con claridad, reflejando mejor el espíritu de la época y construyendo en el imaginario colectivo la idea de estar en condiciones de gobernar una sociedad plural, sin demonizar ni siquiera a los titulares de la dictadura que había derrotado, a los que envió a la justicia y sin negarles, aún en ese caso límite, su condición humana, de sujetos de derecho o su identidad nacional.

Los argentinos vieron a ese gobierno conviviendo con todos, también como muestra del nuevo "ethos". Raúl Alfonsín personalmente, a pesar de haber realizado en 1983 una intensa campaña electoral sin concesiones, ofreció al candidato peronista vencido la presidencia de la Suprema Corte de Justica, y recibió a la ex presidenta Isabel Martínez de Perón con el respeto y la cordialidad que corresponde a una presidenta constitucional. Por primera vez en la historia argentina los ex presidentes constitucionales fueron invitados de honor a la ceremonia de toma de posesión, y Arturo Frondizi e Isabel Perón, ambos adversarios históricos del nuevo presidente, izaron la bandera nacional en la Asamblea Legislativa como símbolo de la institucionalidad recuperada.

Obviando en este punto la valoración sobre el gobierno de la Alianza –que se realiza en otra obra del autor, ("Bicentenario, modernidad y posmodernidad – La Argentina en su tercer siglo"), al igual que sobre la gestión de Alfonsín- es también claro que el triunfo de Fernando de la Rúa en 1999 fue el resultado de una construcción política similar.

Los últimos años ofrecieron una muestra de las posibilidades de reconstrucción. Luego de la derrota más estruendosa de su historia en el 2003, pasó a contar apenas cinco años después con tres de los dirigentes nacionales de mayor llegada a la opinión pública –Cobos, Sanz y Ricardo Alfonsín-. La reiteración de sus vicios históricos –canibalismo, relato con impostaciones ideológicas fuera de época, intolerancia, aislamiento de la realidad y la priorización en el debate para seleccionar su candidato de argumentos exclusivamente internos, al margen de la predilección social- lo condujo a un nuevo derrumbe.

Sin embargo, donde han existido proyectos locales de poder y capacidad de conformación de frentes político-sociales plurales, ha recibido el respaldo ciudadano. Excelentes performances en diversas provincias y municipios muestran la gran vitalidad de una estructura sobre la que es aún posible imaginar un proyecto nacional exitoso, una propuesta entusiasmante y una oferta competitiva. Cierto es que sus problemas no son los mismos, y que la agenda nacional supera con creces las estrategias locales. Sin embargo, son un testimonio de la vitalidad aún existente en la vieja estructura, en diversos lugares del país.

Será difícil hacerlo solo. Seguramente los tiempos que vienen deberán recrear la idea de progresividad en los procesos políticos, abrirse a alianzas convenientes que integren su base social, notablemente retaceada en distritos tan decisivos como Capital Federal y la provincia de Buenos Aires, recibir los aportes de miradas diversas, reconstruir su llegada a la sociedad, entender que la confluencia con otros actores políticos tanto en el Congreso como en alternativas electorales para etapas determinadas no debe implicar exigir coincidencias finalistas que, además, nadie puede definir ante la fluidez y variabilidad de un mundo con una historia cada vez más densa e impredecible.

Superando su relato histórico excluyente, deberá incluir en su renacimiento la cultura de las coaliciones, al estilo de la Concertación chilena, o de la propia política brasileña. Una y otra han podido mostrar gestiones exitosas, sin durezas ideológicas ni debates excluyentes, sino con madurez e inteligencia para saber articular frentes político-sociales mayoritarios de conformación plural, conformados sobre acuerdos programáticos respaldados sobre base parlamentaria y participación en la gestión de todos sus integrantes, en cuotas de poder acordadas al momento de conformar las coaliciones y candidatos elegidos en forma transparente con participación ciudadana.

En la modesta intuición del autor, el radicalismo tiene chances de futuro si logra cumplir con esas tareas antes que se organice otra fuerza alternativa que ocupe su lugar en la dinámica política. Los tiempos de organización de un partido nuevo, de generación de confianza y prestigio, de desarrollo territorial, no son cortos. Pero tampoco la realidad comunicacional del mundo actual es la misma que la de tiempos históricos. La interactividad, la extensión de las redes, el protagonismo creciente de los ciudadanos comunes, la portentosa experiencia del mundo virtual como espacio de contención y expresión de generaciones jóvenes, facilitan la tarea. Nadie puede apostar con seguridad a lo que pasará, porque las sociedades crean las herramientas que necesitan si no la encuentran a disposición.

El radicalismo tiene chances de volver a entrar en la historia, pero la historia no se detendrá esperando al radicalismo. Esos procesos pueden ser lentos, pero también pueden acelerarse a velocidades asombrosas si el desgaste y la intolerancia con las situaciones existentes fuerzan a buscar caminos alternativos.

En todo caso, lo que pasará será lo que los ciudadanos −entre ellos, los radicales, pero no sólo los radicales- hagan que pase.

"Argentina: en busca de la política"

Libro de edición argentina

Editado por el autor en el sistema de impresión bajo demanda

Puede obtenerse gratuitamente el e-book en formato .pdf en la dirección "http://stores.lulu.com/lafferriere

Buenos Aires, 2014